理想の投資と結婚する方法

まえがき

投資・資産運用業に長く身を置いていると、ふと手が止まり、想いにふけってしまうことがあります。無気力にさいなまれるようなものではなく、肩の力が抜けるような感覚でしょうか。

世界情勢や経済指標とにらめっこをし、企業訪問に全国を飛び回っている……私たちは、多くの読者の皆さんが想像されているような激しい日々を送っています。6台のモニターの前で折れ線グラフのわずかな変化を追いかけ、大量の資料に刻まれた数字や難しい単語と不眠不休で格闘しているなか、時にこう思うのです。

このハードワークはなにをもたらすのだろう？　そもそもなぜ自分は、そしてお客様は投資をするのだろう？

私たち『さわかみ投信』は日本初の独立系直販投信で、お客様に直接お会いすることをとても大切にしております。投資・運用する『さわかみファンド』を自らの手でお届けする……直販とはそんな構造のため、どこかから仕入れた金融商品をただ単に売るなんて考えは毛頭なし。ファンドにかける想いや哲学をしっかりお伝えし、お客様に気に入っていただいて初めてともにする船旅が始まるのです。

私は多い時で年に１０００名のお客様にお会いしますが、そのたびに、チマチマした投資情報を必要とする方なんて少数で、多くの方は生き方や生活に即した話を求めていると感じさせられます。つまりお客様の目的は心安らかな将来を送ることであり、投資はそのための方法でしかないのです。

なんのために投資をするのか？　人生を豊かにする、「理想の投資」とはなにか？この問いを突き詰めた私なりの回答が本書であり、すべて本音です。特に若い世代には、投資を知識としてではなく、人生観としてとらえていただきたいのです。

本書が、読者の皆さんが生きることを楽しみ、そんな人生の補助的役割に投資があるといった気づきにつながれば幸いです。

理想の投資と結婚する方法　目次

第1章 あなたはお金とどう向き合っている？

第2章 投資とのつき合い方について教えよう

第3章　人生をカッコよく生きるためのお金の増やし方

第4章 さわかみ投信という選択

装丁／山家由希
編集協力／中村 実（編集企画シーエーティー） 千羽ひとみ
本文デザイン・DTP／美創

第1章

あなたはお金とどう向き合っている？

老後資金2000万円のために生きていないか

これからお金とともに歩むコツをお伝えしていくわけですが、投資信託会社（以下、投信会社）の代表という仕事をしていると、しばしば耳にする言葉があります。「老後をつつがなく暮らすには2000万円も必要と言うけれど、日々の生活で手いっぱい。とてもじゃないが貯められない」。そんな将来のお金に対する不安です。これは、まだ20〜30代といった若い人たちからも聞かされることがあります。

そうした若い世代の声を聞くと、私はちょっとした違和感を覚えます。**日本人は生きるためにお金を必要としているというよりも、お金のために生きている**。さらに言えば、若いうちから老後を考え、老後に備えて生きているように感じてしまうのです。

20代といえば、「大金持ちになりたい」「将来はこんなふうになりたい」など、野望や夢にあふれていていい年代です。そんな年代でありながら老後のことで悩まなければならないとは、なんと寂しいことでしょうか。

さらにはその「老後をつつがなく暮らすための２０００万円」も、この金額さえあれば安心だとは、私にはどうも思えません。

昨今、石油などのエネルギー資源を中心に物の値段が上がってきています。２０２３年の現時点でさえ２０００万円ではおそらく足りず、日本人の平均寿命の男性81・４７歳、女性87・５７歳（厚生労働省「令和３年簡易生命表」より）までつつがなく生きるには、どう考えても３０００万円くらいは必要なように思えます。資源高による価格上昇に加え、マネタリーベース（日本銀行が世の中に直接的に供給するお金）の拡大による物価高騰も予想され、近い将来、老後に必要な資金は３５００万円だなんて言われる可能性も十分にあります。これではいつまでたっても不安が解消されることはないでしょう。

先進７カ国の一つである日本に生まれ、望めば世界最高レベルの食や物が手に入り、豊かな人生を楽しむことができるというのに、それをあきらめ、20代から老後に備えて２０００万円を貯める――そんな人生はつまらないし、いざ老後を迎えた時には後悔だけが残るのではないでしょうか。

ただ、**このような不安ばかりの世の中になったのは、私たち現役世代にも責任があります。**

先日、金融庁の教育担当の方と一緒に講演をしたのですが、話を聞いて驚きました。ご存じのとおり２０２２年度から高校で金融教育が必修になりましたが、担当者からは、「経済的にも難しい時代に、限りあるお金をどう生かすか学んでもらうのが金融教育の要諦」と前置きがなされました。「こんな骨子で教育がされているのか……」。これには愕然《がくぜん》としました。

本来ならば、この世代に対してはどう稼いで、どう社会とつながるか、たとえば社会の仕組みとお金の流れ、お金の価値の話をしたうえで、豊かになるために必要な心がけや最低限の金融リテラシーを教育すべきでしょう。それなのに、縮こまるばかりの教育に聞こえてなりません。本来、教育とは人生の可能性をひろげるものだと思うのですが……。

現実には、狙いどおり巨万の富を築ける人はごくわずかです。ですが、イーロン・マスクもジェフ・ベゾスも決して「増えないお金をどう生かすかが重要」とは教えられてこなかったはず。世界の経済を牽引するテスラやアマゾンは、そうした縮こまった考えがなかったからこそ誕生することができたのです。

私たち現役世代は子どもや若者に夢を与えることができず、憧れられるような姿を示せていません。

日本全体に、夢がなくなってしまっているのです。

老後をカッコよく生きたいのなら、自分がどう生きたいかを考える

もちろん大金持ちになることだけがカッコいい生き方であるとか、若者に夢を与える生き方であるとは思っていません。

そもそも世の中には、お金などなくたって生きていける人がたくさんいます。

たとえば、以前訪れた鹿児島県の方々は表情が豊かだったと記憶していますが、それは目の前に畑などがあって、食べることには困らないからかなと考えたことがあります。これは、第一次産業が残っている地域では、ほどほどのお金があれば日々の生活を楽しみながら暮らしていくことができるからなのかもしれません。

私は何歳になっても夢を追う生き方をカッコいいと思うと同時に、こうした生き方からもまた豊かさを感じます。なぜならばそこには自立心のある生き方があるか

らです。

大金持ちになる夢を追えば、それこそ人生仕事漬けになることを覚悟しなければなりません。ですが、地に足をつけてゆったりと暮らす生き方には、時間的余裕と満ち足りた暮らしがあります。**お金があるがゆえの豊かさとは異なる、また別の豊かさ**です。

そしてその豊かさのなかから、まったく新しい生き方や考え方、産業が生まれることもあるでしょう。昨今、イタリアやフランスで盛んになり、日本でも見られるようになったエコツーリズムなどはその良い例です。

そうした産業には、地域での日々を楽しみながらいきいきと暮らす人たちが欠かせません。むしろそうした人たちと触れ合い、なにかを感じ取るための産業であると言えますから、地域の主役たちの存在は、子どもや若者たちに生き方の指針を与えるカッコいい存在であることでしょう。

会社員もまた、夢を与えられるカッコいい存在です。

「僕はバイオの研究をして、まったく新しい農業のあり方を生み出したい。それにはこの会社に入社して研鑽《けんさん》を積むのが一番いい――」

そんな理想に燃えて会社員という生き方を選ぶ人もいます。夢中になって働いていたら、気がつけば生活に不安を感じることなく定年を迎えていたという人は枚挙にいとまがありません。会社員だってなんであっても、自信をもって生きることは誰にでもできるのです。

一番カッコ悪いのは、どんな立場であったとしても自分で自分を社会の歯車の一つに過ぎないと定義して思考停止に陥ること。**カッコいい大人でありたいと思うのであれば、まずは自分自身でどう生きたいのか**を考えなくてはなりません。

仕事優先の人生になることを覚悟して、10億円、20億円と稼ぐ人生を選んだ人は、老後の生活費の心配は無用でしょう。老いてさえ、贅沢で人もうらやむ生活を送ってもあまりある資金的余裕があるはずです。

地に足をつけ、地域のなかで豊かな生活を送りたいと考える人もまた、老後資金の不安は少ないでしょう。こうした地域では、それこそ年金程度のお金があれば十分生きていくことができます。

信念を持って仕事に打ち込んだ会社員が、定年後そのまま放っておかれることもまたないでしょう。貴重なキャリアを積んだ人材を手に入れたいと、むしろ引く手あまたです。

つまり、老後にはいくら必要かという不安の本当の解消には、まずは自分がどう生きたいかを決めることが肝心で、必要な金額とは、選んだ生き方のその先にあるものなのです。

子どもがＷＢＣ出場を目指すのは間違いか

お金の不安から解消されてカッコよく生きるには、どんな生き方をしたいのかを考えることから始めようとお伝えしました。昔も今もこれからも、**収入を上げることがお金の不安から自由になる最も手っ取り早い方法**であることに変わりはありません。10億円、20億円と稼げれば、老後の資金２０００万円なんてなんの問題にもなりません。

大金持ちになる方法にはいろいろあると思いますが、野球やサッカーなどのスター選手を目指すというのも実にカッコいい生き方です。

先のＷＢＣで優勝してＭＶＰを獲得し、２０２３年シーズンの総収入はメジャーでの歴代最高額の85億円と噂されるエンゼルスの大谷翔平選手が老後２０００万円問題で悩むことはないでしょうし、大谷選手の活躍は、「メジャーリーグで二刀流を実現する」という夢を追いかけて成し遂げられたものでした。その姿は、子どもたちはもちろん、日本中に夢を持つ生き方の大切さを印象づけました。

しかし、大谷選手のような大成功は極めて稀なことです。したがって夢を追い続けることより、その後の保険をかけることのほうが賢いとされています。アスリートに対して現役時代から行われるセカンドキャリア教育がそれです。

アスリートは競技でトップに立つことが仕事ですから、本来は競技のことだけを考えて頑張るのが筋でしょう。それを現役時代から引退しても生活に困らないよう考えなければならないというのは、現実的であるかもしれませんが夢がない。夢がないどころか、寂しい話です。

もちろん、セカンドキャリアを意識するのは大切ですし、アスリート全員が引退後に解説者やコーチなど、競技の延長を生涯の仕事にできるなんてことはありえません。だからといって、競技への集中を妨げてでもセカンドキャリアを考えなければならないものでしょうか。

先にセカンドキャリア教育の代替案を言ってしまうと、社会全体でアスリートや芸術家などをもっと支えるべきです。大谷選手のような、あれだけの夢を与えてくれる日本人を日本人たちが支える。そのためには資金的な援助が一番わかりやすいですが、**余裕のある人がそれをお金の循環ととらえ、「日本人の夢や希望」を生みだせる風土をつくる**のです。アスリートにセカンドキャリアを考えさせるよりもよほど夢があり、また理にかなっている方法だと思いませんか？

さて、話を戻しますが、私には日本経済の低迷は今あげてきたような現実主義こそがその根源にあると思えてなりません。

日本人全体が現実的で悲観主義的であるからこそ、子どもたちの「僕は将来、大谷選手のようになりたいんだ」という夢をつぶし、安全ではあるものの平凡な人生を選ばせてしまっているのです。夢をつぶしてしまったら、決して夢が叶うことはありません。大成功を収めた偉人も、その第一歩は「将来、こんな企業を立ち上げたい。その企業のトップになって巨万の富を手にしたい」という、「夢」から始まったことに現代人は目を向けようとしません。

日本では失敗を恐れるあまり現実的になりすぎて、「大谷選手やジェフ・ベゾスのようになれるか？」という以前に、「なりたい」と願うことすら許さずにポテンシャルをつぶしているのです。これでは夢など誰も追わなくなって当然です。

その結果、なにが生まれるか？　まるで金太郎飴のように同じ考え、同じ安全志向の人材を生産し続けるだけになっています。

そうした社会にカッコいい企業、つまりはイノベーティブな企業や産業が生まれるわけもなく、現状以上に豊かになることもありません。

成長とは、夢を持って失敗を恐れず革新的なことに挑戦し続ける人や企業があってこそ実現するもの。そして国の成長は、そうして手に入れたお金を国中にまわすことで生まれます。

このままでは日本は間違いなく三流国家になるでしょう。まあ、すでになりつつあると感じていますが。

それがイヤならば、夢が持てる国になるよう、大人が子どもにカッコいい姿を見せられるよう、日本そのものを変えていくしかありません。

夢を見つけてカッコいい大人になる方法

日本には夢を持ったカッコいい大人が足りない、それこそが日本が三流国家に落ちつつある原因だと書きましたが、なにを夢見ればいいのかわからないという声もあるようです。夢にチャレンジする大切さはわかる。でも自分がチャレンジすべき夢がなんなのかがわからないというのです。

ぶっちゃけて言ってしまうと、夢なんて簡単には見つからないものです。だからこそ、**まずはがむしゃらに生きるべき**でしょう。

スポーツでも仕事でもいい。好き嫌いも考えずがむしゃらにやっているうち、手応えを感じる時期がやってきます。スポーツなら勝つ喜びや、負けるくやしさを糧にして成長する経験、仕事ならばいつの間にか積み上がっていた実績、周囲からの感謝の言葉などです。

こうしたらコーチや上司にほめられた、こうしたらチームメイトやお客様から喜んでもらえた。そういう経験を重ねるなかで、自分にはこの方向が向いている、この方向に進んでこんなことを成し遂げようといった想い、つまりは「夢」が輪郭を帯び始めるのです。

これはおそらく、大谷選手だって同じだったのではないでしょうか。

がむしゃらに野球をやっていたら試合に勝つことができた。試合に勝ったらうれしかったし、みんなも喜んでくれた。もっと喜んでもらいたくて、さらにがむしゃらに野球に打ち込んだ。そこに上手くなるための工夫、モチベーションの維持などを織り込みながら、それらを繰り返した結果がＷＢＣ優勝だったのだと思います。

ですから夢を持ちたい、持ちたいけれどどんな夢を持てばいいのかわからないと思ったら、まずは行動してみることです。

仕事でも、それこそ家族や仲間内のためにでもいい。一生懸命に必要とされていることをやっていると、なにかしらのかたちが見えてきます。そしてそれが仕事だとしたら、追いかけているうちに対価はついてくるものだし、仲間のためならば、確かな居場所がつくられてくるはずです。

残念なのは、夢を持つのは子どもっぽいとする大人の冷めた視線です。

冷めているのって**一見クールでカッコよく見えますが、よく考えるとただの言い訳**ですよね。がむしゃらにやって失敗して、夢破れたらつらいですけど、クールを気取れば挑戦しない理由がつくれます。つまりは負けるリスクを恐れているのです。

だから冷めちゃダメです。

自分自身の手で明るい未来を切りひらいていこうという前向きさがなければ、生きている意味ってあるのだろうかとさえ思ってしまいます。

極言と思われるかもしれませんが、いいじゃないですか、青臭いのも。

男性女性にかかわらず、「自分はこうなりたいんだ！」「できるかできないかではなくて、自分はこういうことがしたいんだ！」という姿勢は潔いし、見ていて実にカッコいい。こういう人にはどこからか、きっと応援する人が現れます。それが社会というものです。

今の日本には、こうしたカッコいい人材が必要です。

今の子どもには夢がないと言われますが、子どもに夢がないのは、我々大人に夢がないから。

大人に夢があれば子どもはそれを真似しますし、憧れます。

今の日本には、この循環が必要です。

児童手当で少子化は解消できるか

人口が増える国は経済が発展し、成長します。以前よりインドが経済界から大きな注目を集めているのも、人口が世界一になり、さらなる巨大マーケットになると見られているから。これはアフリカなどのフロンティアも同じで、現在、世界中から投資が殺到し、発展に拍車がかかっています。

日本においても少子化の解消は重要な問題です。子どもが増えれば労働人口と消費が増え、納税も増えます。年金だって増やすことができるでしょう。

これは夢のある大人を増やすのと同じくらい、日本経済復活のために欠かせないことです。

日本の少子化問題には、いろいろな理由が指摘されています。

女性の社会進出が当然のことになり、男女の別なく子育てに時間を割くのに価値を見出せなくなっていることが一因だと分析する専門家もいます。つまりは働くことが当然のこととなり、働けばそれなりの収入が手に入るのに、それを子育てで中断されたくないというわけです。これは本当に残念な風潮です。子育てや子どもとの時間にはお金に代えられない価値があるのに。

とはいえ、そんなのは副次的な理由であって、少子化のホントの理由は、「子どもをもう1人、2人持ちたい。でも生活を考えると無理」という経済的な理由のほうが大きいでしょう。こうした理由での少子化は、これはもう早急に解決しなければなりません。それには若い世代に「もう1人や2人、子どもを持っても大丈夫！」と自信が持てるようになってもらうしか手はなくて、これは国が最優先に取り組むべき課題だと思っています。

ただ、この最優先課題であるはずの少子化解決の施策といえば、児童手当や給付金が相場になっているのが残念でたまりません。場あたり的な**手当だけで少子化が解消できるわけなんてない**からです。

手当の元は税金であり、つまりは未来の子どもたちへの借金です。そして手当は国から「与えてもらうもの」。与えてもらうのが当然のことと考えて、「1億総手当をクレクレ」状態であっては、日本が三流国家に転落するのは必然です。いかに上手に手当や補助金をもらうか、そう話し合っている大人たちがいますが、もう目も当てられません。

今や少子化は多くの国で問題となってきており、とても難しい課題です。

これを解決したいと思えば、子育てからのキャリアを復帰できる体制整備や、子育てをしながらも孤立せず、社会との接点が充実している環境が必要です。

ですがそれ以上に、個人個人が豊かになってお金の不安から解消されるのが最良の道筋でしょう。

つまりは**個人個人が「稼ぐ力」を身につけて、大きく稼げるようになるのが一番確実な方法**なのです。真に「稼ぐ力」を持っている人は、子育てでキャリア中断を恐れることはないでしょうし、「子どもは1人で我慢しよう」なんて考える必要もないはずだからです。

ではその「稼ぐ力」を身につけるにはどうすればいいか？

これは自己投資しかありません。ただ、自分のなにに自己投資するかは自分自身で判断するもの。他人に尋ねてわかるものではないでしょう。

ある人にとっては今の仕事のスキルアップに時間を投資することかもしれませんし、ある人にとっては資格取得かもしれません。好きで時間を野球に投資したら、ＷＢＣに出場していたという場合もあるかもしれません。

一つ言えるのは、稼げるモノと社会に求められるコトは表裏一体だということです。つまり、社会に求められなければ稼げない。

そんな稼げる要素を見極めるには時間が必要ですし、要素を探しつつ常に行動を起こすことが欠かせません。

「稼ぐ力」があれば、老後の不安なんて生まれない

お金の不安から解放されるには、大きく稼げるようになるのが手っ取り早いと紹介しました。この「稼ぐ力」は「生きる力」と言い換えても良いでしょう。この「稼ぐ力」を身につけるのは本当に大切で、お金の不安解消にとどまらず、これからの日本人すべてが身につけるべき力です。

この「稼ぐ力」、どんなものが理想的かというと、やはり、**世界中どこへ行っても通用するような力**です。この「世界中どこへ行っても通用するような力」についてわかりやすい、あるエピソードをご紹介しましょう。

私は若いころ、少しの間だけアメリカで暮らしていたことがあるのですが、お金がないので集団生活をしていました。諸般の事情で、４人が定員というアパートに国籍も年齢もバラバラな20人が暮らしていたのです。そのなかの１人、イタリアの

ボローニャ出身で当時24歳だったニコラスは、この「稼ぐ力」「生きる力」のかたまりのような男でした。

ニコラスは英語が苦手でしたので、普通に働いて給料をもらうという当たり前の稼ぎ方ができません。したがって給料0ドルの約束でレストランを手伝っていましたが、当時の日本円にして月に60万〜80万円も稼いでいたのです。どうやってお金を手に入れていたかというと、チップで稼いでいたのです。

当時、チップは現金で受け取る時代です。サービスが良かったり常連客に気に入られれば、10ドルや20ドルは当たり前、時には100ドルももらえたりします。チップは「払いたい額を払う」ものですから、給料0ドルでも大金を稼ぐことができる可能性があるのです。

このニコラス、とにかく女性にモテた！

英語は苦手ですが、愛想がよくて、なによりもカッコいい。興味深いと思ったのは、服にかならずアイロンをかけていたことです。

アイロンなんてほかの者は誰もかけないなか、たった1人、毎日服にアイロンがけをしていました。びしっとキメた黒服姿のニコラスから「デザートに、ティラミスはいかが？」なんて薦められたら、女性だったらそれこそみんな注文しただろうと想像できます。

ニコラスのこんなスキルも立派な「稼ぐ力」「生きる力」でしょう。彼はきっと自覚していたのです。「自分はいつでもどこでも稼いでいける、生きていける」ことを。そしてその自覚こそが、頼る人もいない異国の地で給料0円という条件を受け入れ、チップだけで月に60万～80万円も稼ぐことができた理由だと思います。

ニコラスの事例からわかるのは、「稼ぐ力」や「生きる力」をつくるものは、語学力や学歴だけではないという事実です。それよりも**「稼ぐ」ということの本質を知り、それに向かって自分を磨く**ことなのではないでしょうか。

31ページでも触れたように、稼げるということは、社会から必要とされていることとイコールです。ニコラスは自分のサービスが女性たちにニーズがあることを知っていて、知っているからこそ毎日アイロンがけをしていました。アイロンがけは自己投資であり、自分を磨く行為でした。

そしてなにを磨くかは、自分がどう生きたいかとイコール。ニコラスの場合では、まずはアメリカで生活したい、自活したいという願いだったと思います。

つまりは「稼ぐ力」をつけたいのなら、まずは「自分がどう生きたいのか？」を知ることが欠かせないのです。

「稼ぐ力」を育むヒントは、進むべき道のその先にある

ニコラスの例からは、「稼ぐ力」を育むためのヒントを見つけることができます。

自己投資や自己研鑽のヒントは、「どう生きたいか？」のその先、「生きるべき場や

分野で、自分はどうなりたいか？」にあることがわかるでしょう。

たとえば「自分がいる会社は今後、世界展開を視野に入れていくようだ」、そう見てとったら、社内の誰よりも早く、真っ先に語学に力を入れるべきです。いざその瞬間がきた時に、「話せます！」と手をあげられるかあげられないかで勝ち負けが決まってしまうものだからです。

語学を例にあげましたが、語学に限らず多くの場合、その瞬間がきてから勉強し始めてもまず手遅れです。

これは体力、つまりは必要な時にハードワークにも耐えられる身体というのも同じです。

「新事業部設立が決まった、これから猛烈に忙しくなるぞ」となった時、なにがあっても自分の職分を守り抜けるタフな部下は上司にとっては実にありがたい。新事業という一大プロジェクトを抱えたような場合は特に、信頼できる部下が不可欠です。ですが、部下がいざその場になって身体を鍛え始めても、タフな身体なんて一朝一夕につくれるものではありません。

つまりは**先を予測して、そのなかで自分が担う役割を想像して自分を鍛える**こと。それこそが、自己投資や自己研鑽なのです。

ここで自分自身を振り返ってみると、私がした自己投資で価値があったと思うのは、本を読んだことと身体を鍛え続けてきたことです。

この二つは自己投資としての意味だけではなく、個人的にも大好きで、読書では歴史小説、特に自分の名前「龍」の由来でもある坂本龍馬の本や、世界の歴史の本をよく読みます。ですが、ビジネス書はほとんど読みません。「どう生きたいか？」と「生きるべき場や分野で、自分はどうなりたいか？」の参考になるものが歴史書にはあるものの、ビジネス書にはないからです。

経営者である私には、仕事で海外要人とお会いしたり世の中を見渡したりする際に、歴史書から時空を超える素晴らしいヒントを得ることが多いうえ、仕事にも非常に参考になっています。

たとえば歴史書に登場する偉人の生涯の背景にある「庶民の暮らし」に想いをはせると、「明治維新の最中、江戸の民衆はなにを考えていたんだろう？」「大政奉還を本当に納得して受け入れたんだろうか？」などと考えることができ、それを考えることは、自分の仕事や考えを世間はどう見ているかを想像することに通じるように感じます。反対にスキルアップやモチベーションアップ、はたまた、社内組織でどう生きるかなどを説くビジネス書は、今の私の立場にはマッチしません。

だから読書といっても、無駄に多読するだけではダメです。自分のカテゴリー、たとえばセールスであるとか、システム開発であるとか、財務担当であるとか、自分が今いるポジションにおいてなにを学ぶかを絞って、そこに時間とお金を費やすことが大切です。

つまり自己投資や自己研鑽は、ぼやっと勉強しているだけではダメで、**「自分はこうなりたい。だからこれをやろう」とロジカルに考えたその先に見えるもの**なのです。

そして「こうなりたい」は、結局のところは自分の人生観。だからまずはそれを見つけなければいけません。

もしも若くて先のことがなにも見えなければ、目の前にある本業のなかで「課長になろう」でも、「リーダーになろう」でもいいです。そのためにどういう能力が必要かを考えるのは比較的簡単なことですから。

若いからこそポテンシャルは無限。時間もたくさんあるのだから、自己投資の軸が定まらないのであれば、まずはどんなことでも目標に定めてしまえばいいのです。夢なんて変わって当たり前、決めつけるのではなく、自分自身の可能性を信じることも大切です。

「稼ぐ力」を見つける方法、私の場合

「稼ぐ力」の見つけ方ですが、僭越《せんえつ》ながら、私自身の経験を紹介するのも、なにかの参考になるかもしれません。

私自身に関しては、本を読み、体力をつけることのほか、**目の前にあることをがむしゃらにやってきた**だけ。その一言に尽きるように思います。

ご存じかもしれませんが、弊社は私の父、澤上篤人《あつと》が創業した投信会社です。二世の入社にはつきものですが、私もいろいろと言われてきました。

「あれって社長の息子さんでしょ？」

「篤人さんもやっちゃったね、御曹司を会社に入れたらおしまいさ」

この辺につきましては前著の『儲けない勇気　さわかみ投信の軌跡』（幻冬舎）をお読みいただければと思いますが、私の場合、「稼ぐ力」は収入を上げる上げないでもなければ、「どう生きたいか?」でもありませんでした。それよりもずっと前の段階、世間から一人前と見てもらうには、目の前の課題に取り組んで、結果を出すしかない。そんな状態だったからです。

二世という私の立場では、さまざまな人から「こいつ大丈夫か?」といったいじわるな質問が多く飛んできました。その時、教科書通りに答えられるのは当たり前で、必ず創業者である父と比較され、普通では想像できないような回答や対応を求められたりしました。とにかく勉強しなければならないことが増えるばかりで、そのたびに「もっと頑張らないと。もっとやらないと」とがむしゃらになって学び、働く日々の連続でした。

今から思えば、これは最高の自己研鑽であり、「稼ぐ力」を身につける機会だったように感じています。気づいたらいろいろなことができるようになっていて、できないことができるようになると、またできないことが山のようにそびえ立っていました。つまり目標が向こうから勝手にやって来てくれたのです。毎日が自己投資と自己研鑽の連続で、その繰り返しで今があるように思えます。今では、いじわるな人たちに育ててもらったとさえ思えるくらいです。

本業である投資に関しては、仕事を通して学ばせてもらいました。知識ではなく、投資そのものということです。したがって他の金融商品、たとえば保険や金、暗号資産などに関してはよくわかりません。幅ひろい知識を得たいと考えてこなかったので、それらに関しては投資に興味がある読者諸兄諸姉のほうがずっと詳しいのではないでしょうか。

投信会社の代表でありながらなぜ興味すら持たないのかといえば、31ページで触れた「社会に求められていること」と「どう生きたいか？」を考えればご理解いただけると思います。

社会が私に求めていることは、お預かりした資金を運用し、より良いリターンをお返しすること。そして会社の代表として社員やお客様に明るい未来をお見せし、先導することです。したがって、私が保険などの勉強を必要以上にすることは時間を無駄にするばかりですし、第一、それらを勉強することは、私の望む生き方ではないからです。経済評論家になるわけではないので、知識などはある程度持っていればいい。むしろ**未知なる世界、未来への構想力のほうがよほど大切**なのです。

皆さんも「稼ぐ力」をつけるために、「どう生きたいか？」と「社会に求められていること」を考えてみてください。

あなたも日本経済の一部である

話をお金とのつき合い方に戻しましょう。

日本経済の復活には、日本を「誰もが夢を抱ける国」にすることが不可欠というのが私の信念ですが、同時に、私たち自身の発想を変えることも欠かせません。

全国でセミナーを実施するとよくこういう質問をされます。

「今後、人口が減っていく日本経済はどうなりますか？」

私は決まってこう答えます。

「では、あなたはどんな経済にしたいですか――？」

すると皆さん言葉に詰まってしまう。経済は国や企業が動かすもの、自分自身には関係ない、とつまりは傍観者になってしまっているのです。

私が**「日本で暮らすあなた自身も、日本経済の一部ではないですか？」**と続けると、皆さん、はっとされているのがわかります。これはもう日本だけに限らず、世界中の皆同じだろうと想像していますが。

日本経済の復興、延《ひ》いては老後の不安の解消にも、この部分の意識改革が欠かせません。

自分自身の生活や消費活動がこの国の経済をまわしていると考えれば、お金に関する考え方が変わっていきます。日本人は一般的にお金について考えることは下品なことと思っていたり苦手意識を持ったりしていますが、それがなくなっていくのです。下品どころか、生活そのものが日本経済であるとわかれば、苦手だからと放っておくことはできなくなります。

さらにはお金を使うのが怖くなくなります。

「金は天下のまわりもの」という言葉がありますが、これは本当に正しくて、お金は使う人から人、企業から企業へとグルグルとまわるもの。まわらなければ誰かの収入にはなりません。

経済の動きを示す方程式は、「お金の総量×まわる速度」です。

経済状況を良くするには速度、すなわち消費（景気）が欠かせません。お金の総量、つまりは特別給付金やら児童手当やらで市中に出回るお金の量を増やしても、それが勢いよくまわってくれなければ意味がないのです。

今、高齢者が将来を不安に思うあまりお金を抱え込んでいますが、経済ではこれが問題になっています。政府もそのお金をどうにかまわそうと必死に手を打っています。お金の総量が少なくてもまわってさえいれば、景気が良いと感じられるものだからです。ただ、そんなお金がツンドラのようにカチカチにかたまっており、だからこそ政府は総量を増やそうとお金のバラマキしかできていないのが残念な現状なのですが。

景気を良くしたいと思うのなら、抱え込むより使うことです。もちろん総量を増やすことも大切ですが、政治家でもない私たちができることといえば、お金を健全に使うことになるでしょう。

誤解してはならないのは、お金を使ってもお金が消えるわけではないことです。お金は人から人、企業から企業へとグルグルまわっているわけですから、めぐりめぐってあなたのもとに返ってきます。

さらに**日本経済の質も良くしたいと思うのなら、自分が良いと思うものや、今後も残ってほしいと思うお店でお金を使ってあげる**ことです。企業を育てる感覚を持つと言っていいかもしれません。

この「どこでお金を使うか？」ということに関しては、ほとんどの人があまり考えていません。セミナーでもしばしばお話しするのですが、ネットフリックスを見たりアイフォーンを買ったりすれば、お金はアメリカに持っていかれます。特別給付金やら児童手当やらでバラまいた日本人の税金が日本に残らないのです。

これでは日本経済は、良くなるわけがありません。

さわかみ投信のお茶が伊藤園製である理由

税金として納付して、給付金や児童手当として支給されたものを日本国内で消費しようという提案は、なにも海外製品不買運動を推進しているわけではありません。

日本で生産されているものは、自給率100％のお米でさえ世界と結びついています。肥料やトラクターに使うガソリンだって海外からやってきています。日本製のものを使うことは、同時に海外製のものを使うことでもあるわけです。

アメリカ製のものが好き、あるいはその商品はヨーロッパにしかないというのなら、無理をせずにその製品を買えばいい。日本製にこだわる必要はありません。

ですが日本に住み続け、自分自身が日本経済の一部であると自覚して、その日本がこれからも豊かであってほしいと願うなら、**同じようなものが日本にもある場合には日本製を選ぶべき**です。こうした発想があるかないかで、日本経済に確実に影響を与えるはずなのです。

ちなみに弊社では、打ち合わせなどの際にお客様にお出しするお茶は伊藤園製です。理由は簡単。伊藤園のお茶がひろまったらいいなと心から思っているからです。

これは弊社が伊藤園に投資しているというのもありますが、それ以上に、伊藤園という企業の姿勢が素晴らしいというのが理由です（だから投資をしているのですが）。

調べてもらえればわかりますが、この企業は大分県の生産者と一緒になって茶葉を生産し、地域経済におおいに貢献しているのです。

だとしたら弊社としての消費行動も、伊藤園を選んだ方がいいのは自明でしょう。

なぜならば、お茶を買うことで弊社のお金が伊藤園に行き、伊藤園から大分県の生産者へ茶葉の代金が渡ります。大分県の生産者に渡ったお金は地元で使われ、生産者さんは安心して将来もお茶をつくり続けてくれるでしょうし、私たちも今後もおいしいお茶を飲むことができる。さらには、伊藤園のお茶を買うことで僅かでも伊藤園の業績に貢献できれば、投資している私たちにとってもプラス。

つまり企業と生産者、そして投資家である私たちのトリプル・ウィンだけではなく、将来もおいしいお茶が飲めるという四つめのウィンがついてくるのです。

とは言っても、苦しんでまで日本製を使う必要はありません。

心がけたいのは、「少し高いけどこっちのほうが良さそうだ」、あるいは「今月はお小遣いに余裕があるな」と思ったら、日本製を選ぶという選択肢があるのだということです。

使い分けもありでしょう。たとえば、「服は自分にとってあまり重要ではない。だけど健康に直結する食にはこだわりたい、贅沢したい」なら、服はもっぱら安く買える古着を中心とし、食は国産の、それもよく吟味したものを選ぶ。そんな考え方もありだと思います。

絶対に避けるべきは、「安ければいいや精神」です。

私はこの「安ければいいや精神」、言い換えれば**デフレマインドこそが、日本経済を三流のものにし、今まさに五流国家に貶《おとし》めようとしている**とさえ思っています。

どんな商品、どんなサービスにもその先には関わっている人がいて、そこには生活があります。そうした人たちの生活を支えることは、日本経済を支えることでもあり、延いては私たち自身の暮らしを支えることにつながるのです。

やって正解のＦＩＲＥ、後悔するＦＩＲＥ

ＦＩＲＥという言葉が話題になりました。ＦＩＲＥとは、「Financial Independence, Retire Early」の略で、日本語では「経済的自立による早期リタイア」と訳されています。つまりはより自由に生きるべく、若いうちに資産を築き、定年を待たずにリタイアしようという考え方です。

日本人はこの「自由になる」という言葉にことのほか弱いと見えて、書店では今、「株式投資でＦＩＲＥしよう！」などと、ＦＩＲＥを謳《うた》った本が数多く売られています。

早期に退職しようというわけですから、資産づくりは欠かせない条件ですし、さらには仕事、おそらく在籍する会社にとっとと見切りをつける生き方は、一匹狼のようにも見えて、なかなかカッコいいものにも思えます。

アベノミクス経済が始まってからの10年間、日本の株式相場が上げ基調であったことからもてはやされている言葉であり、それゆえ今、出版界をにぎわせているのだと思いますが、やって正解のＦＩＲＥと、後悔するＦＩＲＥがあるというのが実感です。そして正解と後悔を分けるのが、**ＦＩＲＥ後に人生の目的があるかないか**です。

目的を持たず、ただ働くことから自由になりたいがゆえのＦＩＲＥだったら、カッコいいなんてものではなく寂しいだけです。お金はあっても趣味にも遊びにもつきあってくれる友だちがいない。友だちの多くは、それこそ仕事を頑張っている最中でしょうから。

もちろんＦＩＲＥできれば家族と過ごす時間が増え、私生活の充実は図れます。ですが、朝起きて朝食をともにして、そのあとなにもすることがないというのも、なかなかつらいものがあります。

こうしたＦＩＲＥは私にはうらやましいとは思えません。

つまりはＦＩＲＥが本当に意味するものはリタイア（引退）ではなく、次のステージや本当の自分の人生を歩むためのもの。ＦＩＲＥすることがゴールなのではなく、次の夢の早期実現への「手段」と考えてこそ、後悔しない、正解のＦＩＲＥになるのです。

日本でＦＩＲＥという言葉がもてはやされているのは、日本人が働くことを楽しめていないからではないでしょうか。さらに言えば、「働いてお金を得る」という行為そのものに苦しみを覚えているのだと思います。こうした「働くことが楽しくないからＦＩＲＥしたい」という考えを抱かせる人生こそ、私にはおかしいように感じるのです。

仕事がなんであれ働くことを楽しめていれば、引退したい人なんていないはずなのです。政治家がいくつになっても引退せずにしばしば「老害」とまで揶揄《やゆ》されるのは、日本を動かすという仕事が楽しくて仕方がないからだろうと思っています。仕事が楽しければ、引退したいという考えなんてないはずですから。

では、「やって正解のＦＩＲＥ」にするためにも、ＦＩＲＥに必要なお金を得るにはどうすればいいのかと問われれば、まずは投資ではなく、がむしゃらに働くことだと私は答えます。がむしゃらに働いて「稼ぐ力」を上げることでＦＩＲＥできる資金を稼ぐ。そのために必要なのはまずは自己投資であって、一般に言われる金融商品への投資ではないように思うのです。

資格取得でも自己研鑽でも、あるいはニコラスのような「生きる力」を磨くのでもいい。ですが、がむしゃらにやるその最中に、病気やらなにやらで「自分になにかあったら元も子もない」という懸念が生まれることもある。

そのためにひかえているのが私たちの仕事。

つまりは投資、資産運用なのです。

「将来が不安だ」と言いながら、実は浪費していないか

日本人は現実的であまりに悲観的に考えすぎ、自らの手で自らのポテンシャルをつぶしていると感じています。ですが**現実的なわりには浪費に対して実に無頓着な方が多い**です。悲観的に考えて安全策ばかり取るぐらいなら、浪費をなくして資金的な余裕をつくり、夢を追うという冒険に打って出る生き方もありだと思うのですが。

たとえば、一昔前のクラウドファンディングでは、芸人さんの昼食代を募集なんていうものがありました。

近年では、ＳＮＳ上に「投げ銭システム」というものも登場しているようです。

配信者、これはインフルエンサーだったり芸人さんだったりさまざまですが、こう

した人の気の利いた発信に対してお礼の気持ちでお金を投げ入れるという、とてもよくできた集金のシステムです。

「あの芸人さんはまだ食えない。食えずに死んでしまったら自分の人生から笑いがなくなってしまう。だから昼食代を支払いたい」、あるいは「配信者の言葉で目からうろこが落ちた。この発言には千金の価値がある」、そう感じての投げ銭ならばわかります。ですがどうもそこまで深刻でも、感動したわけでもないようです。

よく見ているとひと時の「ノリ」、あるいは、インフルエンサーや芸人さんから発せられるお礼の言葉が聞きたくてお金を出しているのです。一通りのお礼の言葉では満足できなくて、配信者に自分をもっと知ってほしい、他の視聴者にうらやましがられたいと、投げ銭がエスカレートするばかりの人までいるようです。

こうした人にはきっとお金の不安がないのだと思っていたらそうではなくて、人よりずっと不安を抱えているようです。なかにはＳＮＳに「今月の家賃が払えそうにない」なんて愚痴をこぼしている人までいます。決して少なくないお金を、インフルエンサーに投げ銭しているというのに。

芸人さんの昼食代だろうが投げ銭だろうが、結局はお金を払う人の自由です。でも、お金を出すことで家賃が払えないとしたら本末転倒ですし、お金を出すことで優越感を感じていられるのはその場限りでしょう。「昼食代」も「投げ銭」も、プラットフォームの集金システムにはまってしまっているとしか思えません。

つまり、**そのお金を稼ぐのにどれだけ頑張ったかという事実には考えが及ばず、ひと時の満足感だけでお金を使ってしまっている**のです。

好き嫌いの問題かもしれませんが、私にとってはこうしたお金は浪費です。ですが、私たちもまた、知らず知らずのうちにこうした浪費のプラットフォームにはまっていることがあるようです。

たとえば、スマホを見栄だけでキャリア回線にしていませんか？　それほど使っていないというのに、無用なサブスクに課金していませんか？　必要でもない服やバッグをショップスタッフに薦められるままに購入してしまった、そんな経験はないでしょうか？

将来に不安を感じる前に、こうした生活の見直しをすることは決して意味のないことではないはずです。

スイス人銀行家に学ぶ「生きたお金のまわし方」

一見浪費に見えて、実に意義のあるお金のまわし方もあります。

身内の話で恐縮ですが、私の父、澤上篤人が仕事でヨーロッパに出かけた１９７０年代の話です。まだまだ国際社会が開かれておらず、海外へは好きに行き来できない時代でした。そんな時代、スイスの空港に着いたら、ビジネス相手、おそらく銀行マンだった人物が空港のポーターさんに小さなカバン一つを手渡し、日本円で

郵 便 は が き

お手数ですが、
切手を
おはりください。

1 5 1 0 0 5 1

東京都渋谷区千駄ヶ谷 4 - 9 - 7

（株）幻 冬 舎

書籍編集部宛

ご住所 〒

都・道
府・県

フリガナ

お名前

メール

インターネットでも回答を受け付けております
https://www.gentosha.co.jp/e/

裏面のご感想を広告等、書籍の PR に使わせていただく場合がございます。

幻冬舎より、著者に関する新しいお知らせ・小社および関連会社、広告主からのご案内を送付することがあります。不要の場合は右の欄にレ印をご記入ください。

不要 □

本書をお買い上げいただき、誠にありがとうございました。
質問にお答えいただけたら幸いです。

◎ご購入いただいた本のタイトルをご記入ください。

『　　　　　　　　　　　　　　　　　　　　　　　　』

★著者へのメッセージ、または本書のご感想をお書きください。

●本書をお求めになった動機は？

①著者が好きだから　②タイトルにひかれて　③テーマにひかれて
④カバーにひかれて　⑤帯のコピーにひかれて　⑥新聞で見て
⑦インターネットで知って　⑧売れてるから／話題だから
⑨役に立ちそうだから

生年月日	西暦　　年　　月　　日（　　歳）男・女			
ご職業	①学生	②教員・研究職	③公務員	④農林漁業
	⑤専門・技術職	⑥自由業	⑦自営業	⑧会社役員
	⑨会社員	⑩専業主夫・主婦	⑪パート・アルバイト	
	⑫無職	⑬その他（　　　　　　）		

ご記入いただきました個人情報については、許可なく他の目的で使用することはありません。ご協力ありがとうございました。

５００円程度でしょうか、チップを支払ったというのです。

小脇に抱えられるほどの小さな荷物一つに５００円とはなかなか気前のいいチップです。

当時は父もまだ若かった。だからビジネス相手に純粋にこう尋ねたそうです。

「なんでそんな小さな荷物にチップを払うのですか？　自分で持てるじゃないですか？」と。すると相手は、「篤人、おまえはバカか!?」と。「これがお金をまわすということだ」と答えたというのです。

スイスの銀行マンですから、お金に困っているような人ではないことは確かでしょう。でも父は「お金持ちだからできることなんだ」で留まることなく、「ああ、これがお金をまわすということか」と学んだというのです。

これは本当に大きな気づきだったようです。50ページで「着るものは古着でいいけれど、食にはこだわりたい」という例でも触れましたが、**お金の価値、あるいは使い方というものは、その人の美学で決まる**ものです。

スイスの銀行マンにとっては、空港のポーターさんにお金を払う価値があった。ポーターさんに名前を覚えてほしいとか、周囲の人たちに、「お金持ちってスゴイ!」と思ってほしかったわけではないのです。自分の一瞬の満足のためにしたことじゃない。

このスイス人銀行マンがしたようなお金のまわし方こそが、死に金ではない生きた消費だと言えます。

空港で荷物を運ぶポーターの仕事は肉体労働であるはずです。

毎日毎日、そうしたキツイ仕事をしている人が、受け取ったチップを無駄遣いすることはないでしょう。あの500円が子どもの教育に使われたのか、あるいはその夜、家族で囲む食卓で追加の一皿となったのかはわかりません。

ですが、子どもの教育に使えば、その子が未来を切り開くためのものやことに、食卓に使われたのならば、食料品店や生産者に支払われたことでしょう。チップの500円は人から人へ、企業から企業へとめぐりめぐって、最終的にはあのスイス人が勤める銀行の預金になったかもしれません。

社会にとってもその銀行マンにとっても、浪費ではない５００円だったと思います。

家計には「不要な生活費」が3割

お金の不安から解放されるには、大きく稼げるようになるのが最速の方法であり、そのためには「稼ぐ力」「生きる力」を身につけるのが大切だとお伝えしました。

繰り返しますが、これこそが**老後の不安解消だけに留まらず、お金から自由になるための最も合理的な方法**です。

ただその前に、支出を徹底的に見直すという方法もあります。むしろこちらのほうが簡単かもしれません。**生きていくために絶対に必要なものとそうではないものを、がっちりと仕分けてみる**という試みです。

そのためには試しに3か月間、極貧に近い生活をしてみるといいでしょう。お金や支出に関する見え方が激変すると約束します。

まずは自分が極貧生活に陥ったと仮定して、生活のすべてに対して本当に生きていくために必要なもの、そうではないものを見極めてください。この3か月間は美容院にも行かなければスマホも持たない。タバコもやらなければ晩酌も中止します。するとないと本当に苦しいものと、なくても平気なものがだんだんわかってきます。私の場合なら、晩酌のビールはなくても大丈夫ですが、朝のコーヒーがないと一日イライラして仕事にならないとか、趣味のサーフィンをしないと肩や頭のあたりが重くてダルくなるなどです。

こうしたものは無駄なものではありません。朝のコーヒーのお金もサーフィンのための支出も他人にとっては浪費でしょうが、私にとっては必要不可欠。必要なものは必要だから、こうしたものは切り捨てません。

そんなふうに仕分けていくと、半分とは言わないまでも、3割ぐらいはなくても死にはしないものだとわかります。これはもう収入の多寡《たか》にかかわらず、どんな人、どんな家庭でも、支出の3割は無駄に出費している、つまりは浪費している可能性があるのです。

これは、時間に関しても同じことが言えます。

時間の使い方を突き詰めて見てみると、案外ものすごい時間を無駄に過ごしていることがわかります。仕事で資料を読まなければいけないのに、その前にちょっと一休みしてユーチューブを眺めてしまう、3分で終わる電話連絡が、無駄話で5分になってしまうなどです。

嘘だと思うのならば、「忙しい、忙しい」と嘆いている人をよく観察してみてください。忙しいと言っている人ほど実は無駄なことをたくさんしていることがわかるでしょう。本当に忙しい人には、忙しいと嘆く時間さえないはずですから。

話が逸れましたが、**3割の無駄があるということは、3割収入が減ったとしても無理なく生きていける、あるいは3割余分に稼げている**と言えなくもありません。

3割余分に稼げているし、実は3割減っても生活はちゃんと成り立つことがわかると、心の余裕は驚くほどひろがります。月収30万円の人は、月収21万円に減ったとしても生活できるというわけですから。

そして本来、浪費になっていた3割をどう活用するかは、お金の不安から解放されるためのとても大きなキーポイントになるはずです。

○澤上社長が答えます！　さわかみホント!?

Q

さわかみ投信では、お客様を『ファンド仲間』と呼ぶそうですがホントですか？

A

はい、本当です。

一般的にファンドとは、お客様からお預かりした資金を増やしてお返しすること（時に減らさないこと）を目的にしています。こうした方針は、ともすれば投資先企業の株価優先の姿勢を取らせがちです。つまりは、投資先企業の社会的な意義や役割を考えることよりも、リターンを優先し、持ち株を高く売り抜けることができれば投資先はどんな企業であってもいいという姿勢を取らせてしまうのです。

投資した企業のモノ・サービスこそが日々の生活を支えていますが、投資をするとその大切なことを忘れがちです。企業を銘柄と呼び、単なる儲けの道具と見てしまう。

さわかみ投信では、そういったものの見方とは一線を画し、社会全体を仲間として皆でつくっていこう、という哲学を重視しています。

したがって、お客様には弊社が考える「投資」の意味をご理解いただいたうえで『さわかみファンド』に投資していただきたいと考えています。

投資家の皆様はお客様ではあるものの、『さわかみファンド』という船に乗り込んで、ともに世界経済という荒波を越えていく同乗者というスタンスです。それゆえ、私たちはお客様のことを『ファンド仲間』とお呼びしています。ともに「理想の投資」をめざす仲間なのです。

２０２３年4月末現在、『さわかみファンド』には日本中におよそ11万人強のファンド仲間がいらっしゃいます。

第2章

投資とのつき合い方について教えよう

夢ある大人になるには余裕が欠かせない

今の日本は夢を見る大切さを忘れています。日本経済を再生させるには、夢あるカッコいい大人を増やすことです。

これは私の夢であり、使命であるとさえ感じています。

10億円、20億円と稼ぐ人生、家族との時間を大切にする人生など、どんな生き方をカッコいいと感じるかはそれぞれでしょうが、どの生き方を選ぶにせよ、お金はいい人生に欠かせない要素です。

お金に余裕があれば、「カンボジアに孤児のための学校を建てたい」というアッパレな夢から、「リタイア後は妻と一緒に客船で世界一周の旅に出たい」といった夢まで叶えることができるでしょう。

私は日本を、こうした夢を持つ大人で満ちあふれた国にしたいのです。そのためには将来の不安や憂いを取り除かなければ……それが資産づくりです。

ただし、資産づくりはともすれば時間を奪ってしまうこともあります。個人が自力で資産を増やしたいと願うなら、世界経済から企業の経営状態まで、日々血眼になっての情報収集に迫られてしまうからです。

限りある人生において、時間ほど貴重なものはありません。

1日は誰しも平等に24時間。どんな大金持ちやスーパースターであったとしても1日を25時間にすることはできません。プロとして投資業を営むのでもない限り、**それほど貴重である時間を情報収集に費やすのは愚の骨頂**です。

誰であっても貴重な時間を、仕事や家族、趣味とは関係ないことに費やすべきではありません。情報収集に費やされるその時間は仕事への全力投球や家族とのひと時、好きなことや趣味を楽しむために使うべきもの。そうできてこそいい人生であり、カッコいい大人でしょう。

そしてこれこそが、資産運用というものの根本にある考え方です。

こうお話しすると時々、「資産運用に興味はあっても先立つものが……」という返事が来ます。そして、「先立つものは用意できるが、投資は怖い」という人も多数いらっしゃいます。

いいえ、どんな人でも「先立つもの」も、怖じ気づかないで投資にまわせるお金もあります。ただそれに気がついていないだけ。

63ページで、支出の3割程度は浪費になっているとお伝えしました。

これは20代で一人暮らしを始めたばかりの若者から子育て真っ最中の30代、子育てが一段落した40代から50代、リタイア後の60代までまったく同じ。**どの人、どの家庭にも、3割の無駄がある**のです。

浪費していたこの3割の無駄に働いてもらうのは、余裕を育む方法の一つです。つまりは、浪費されるはずだったこの3割のなかの一部に、あなたに代わって働いてもらうという考え方。もともと無駄にしていたお金のなかの一部と考えれば、投資は怖いものではなくなるはずです。

「今月も無駄になっていたと思ってお金の一部を投資にまわしてみようかな？」と思えるような、無理でもなければ負担にもならない金額での投資。

投資の第一歩は、そんな「無駄金の活用」で始めるといいと思います。

投資は「投機」でも「マネーゲーム」でもあらず

「投資は無駄金から始めよう」と提案しましたが、「投資」はお勧めしても「投機」は決してお勧めしません。残念なことに、日本では「投資」と「投機」は同一視されがちですが、中身は白と黒ほど異なります。虎の子の資金の着実な運用を目指すなら、投機に手を出してはいけません。

「投資」と「投機」はどう違うのか？「投資」とは、「この会社、いい仕事をしているな、いい製品をつくっているな」と思う企業の株を買って株主になり、長期にわたって保有すること。企業の成長を後押しし、寄り添うものです。長期にわたるのが投資ですから、数年は継続して保有するのが普通です。ちなみに弊社では、2人に1人のファンド仲間が10年以上の継続保有をされています（2022年6月末時点）。

株の長期保有がなぜ企業を応援することになるのかといえば、あなたが安定した応援株主になることで、企業はあせることなく製品づくりに専念でき、マネーゲームを目的とした買収なども避けられるからです。その結果、企業はあなたに「いい商品だ」と感じてもらえる製品をつくり続けることができるのです。

投資とはあなたが企業を育て、守ることでもあるのです。

一方で「投機」とは、機会に乗じて短期間に大きな利益を得ようとする行為のことです。当然、株の売り買いは激しくなります。

もちろん、「株を安い時に買い、高い時に売る」が常にできれば、短い期間に目がくらむような大金を得ることができるでしょう。

ですがこうした取引はいわば丁半バクチのようなもの。「常に勝ち続ける」のは不可能で、投資のプロであっても難しい。プロでさえできないものが、素人にできるはずなんてないのです。

さらに投機は企業にとっても頭の痛い問題です。株価の乱高下は企業イメージを損ねますし、なにより、秒単位で株主が変わってしまえば、企業は誰のために経営していいのかわからなくなります。当然、短期での成績が求められ、本来集中すべき課題から目を逸らし、目先の利益を株主に提供することが目的になりかねません。その株主もすぐさま株を売ってしまうため、残された企業はもぬけの殻になってしまうことも。いずれは買収のターゲットにされて事業内容は大幅変更。愛されていた商品を生産していた工場は閉鎖、従業員は解雇といったことも考えられます。つまり、投機は企業の価値を損ねる可能性があるのです。

投機をする側も、根拠のない株価の変動に振り回されて情緒不安定で仕事が手につかないとか、家庭がメチャクチャになるといったことがよく起きます。だから**投機は誰にとっても危険そのもの。**「投資」はしても「投機」はしてはいけない理由です。

蛇足ながら、一般に競馬はギャンブルで、株の取引は投資行為と思われているようですが、私はかならずしもそうとは言い切れないのではないかと思います。

競馬とは馬が走ってくれて、その勝敗でリターンが決まるレースです。馬券を当てようと思えば、騎手の状態からパドックでの馬の体調、過去のレースまでしっかりとチェックして、その情報をもとに、「この馬はいい仕事をしてくれるに違いない」と馬券を買う。人気馬のオッズ（リターン）は低くなるとはいえ、レース終了時には勝ち負けがはっきりする。さらに違う角度から競馬を見ると、馬主となって競走馬の生涯を応援するってのは「投資」そのものではないですか！

それでは株取引ではどうでしょうか？

取引する株式を銘柄といいますが、多くの人はその銘柄がなにをつくっているのかさえ知らない場合がしばしばです。アメリカ株が好調だと聞けばアメリカで暮らした経験もないのにアメリカ株を買い、トルコリラがいいと聞けばトルコの主要産業も知らないでリラを買う。そして終わりのないレースを延々と、人気だからといった根拠のない値動きを追いかけ続けなければならない。

そう考えると私には、競馬も株取引も、どちらもギャンブルにも投資にもなり得ると思えてきます。要は「する側」のスタンスなのです。

「理想の投資」は未来に対する行為

投機はギャンブル。ギャンブルで常勝はあり得ないとお伝えしましたが、投資は社会のプラスになることもお伝えしていきます。

71ページで書いたように、投資というのは「この会社、いい仕事をしているな」と思う企業を応援する行為です。ですからあなたが、もしも「50年後の地球環境が心配だ」「地域を少しでも良くしたい」「子や孫が暮らす未来がより良いものであってほしい」と思っているのなら、そのための製品をつくっている企業を、投資を通じて応援することができます。

投資とは、**あなたのお金にあなたの意思や理想を託す行為でもある**のです。

一方、ギャンブルである投機はどうでしょう？

「滝つぼに飛び込んで、もしも無事だったら1億円差しあげます」

あなたはこの申し出に応じますか？

こんなふうに考えてもらえば、ギャンブルの本質がわかるはずです。

ギャンブルとは究極のところ勝つか負けるかであって、たった一つのパイを奪い合うもの。こうした行為にあなたの意思や理想を託す余地はありません。

そして、ギャンブルでは勝った人が生まれれば負けた人も生まれます。勝ってうれし涙を流す人もいれば、後悔の苦い涙を流す人もいる。

経済ではこれを、ゼロサムゲームと言っています。

こう比べてみると、投資というものの健全性がわかるはずです。

投資とは、企業を応援することで社会にプラスをもたらす行為です。つまりは、企業を応援することで豊かな社会をつくろうというポジティブな行為であって、パイの大きさをひろげる行為なのです。

パイのサイズそのものが大きくなれば、あなたが受けとるパイの割合は変わらなくても、受け取るパイは大きくなります。投資に参加する皆が皆、ハッピーになることができるのです。

ただ投資は未来に対する行為ですから、時間がかかるのは確かです。１〜２か月で１００万円が２００万円になることはなく、下手すれば5年、10年とかかります。

私はよく、「投資というのはダイエットと同じです」と言っています。

体重を減らしてカッコいい身体になりたいのなら、一刻も早くダイエットを始め、続けることです。真夏のビーチでモテたいからと夏目前の1か月前から急にダイエットを始めたって、体重はまず減らない。減らないどころか、無理な減量や運動で身体を壊したり、そのあとリバウンドしたりするのがいいところでしょう。

そして本来無理がある1か月のダイエットに失敗して、「ダイエットとは危険なものだ」と後悔の涙を流したら、これはもうダイエットが悪いのではなくて、その人のほうが間違っているのです。

ダイエットにはモテたいとか、健康を維持したいなどの目標、理想があるでしょう。だからその目標や理想に向かってコツコツ励めるのです。

投機と投資の関係もこれとまったく同じです。世の中が良くなって自分にもリターンがある、という**成果を手にしたいと願うなら、ギャンブルではなく着実な方法を選ぶ**こと。目的意識を持つこと、そしてとにかく始めて、じっくりと続けることが大切なのです。

投資とは結婚相手選び。あなただけの素敵な人を見つけよう

投資は待つことがなにより大切。ですから、一時の株価高騰といった華やかさよりも、長く待つことが苦にならないような、信頼できる企業を選ぶことが大切です。こう聞くと、なにかに似ていると思いませんか？　そう、企業選びは結婚相手選びと同じなのです。

イギリスの経済学者のケインズ（1883〜1946年）がおもしろいことを言っていました。彼は当代一流の投資家で、経済学者の代表的存在。経済の世界において、20世紀における重要人物の一人といっていい巨人です。

そのケインズは「株式投資とは、美人コンテストの優勝者を当てる行為である」と語っているのです。

もっともきれいな女性を選ぶ美人コンテストでは、優勝するのはいうまでもなく審査員から一番たくさんの票を集めた人。でも審査員のなかには、「優勝した女性よりも、こっちの人のほうが美人だなあ」と思った人もいれば、「自分にとっては選ばれなかったあの女性のほうがタイプなんだけど」と思う人がいるはずです。

　これと同じで株式投資とは、「自分にとってはこの女性のほうが美人だけれど、みんなが選ぶのはきっとあの女性に違いない」、そんな女性を当てる行為であるとケインズは言ったのです。株価はあなたの意思ではなく、世間の意思で決まるのだと言い換えてもいいでしょう。寂しいことですが、これが現在の株式投資の実態です。

「投機」と考えれば、ケインズの言葉は１００%現実でしょう。ですが本来の「投資」と考えるとちょっと違う。なぜなら投資とは未来を応援するもので、未来を考えて投資する重要性は、ケインズの生きた時代とは比べ物にならないぐらい高まっているからです。

それに寂しいではありませんか、これでは。

結婚するなら、１００人が美男美女と讃えていてもハートにまったく響かない人よりも、ハートにグッとくる人と結婚したいじゃないですか。

「理想の投資」は結婚生活と同じです。であれば、**一緒に長く暮らしても飽きない、飽きるどころかますます好きになれるような人を選ぶ**ことこそ最終的に幸せになる術《すべ》であるはずです。

だから私は、「どんな企業に投資するのが正解ですか？」と聞かれたら、「あなたなりの素敵な人を選んでください」とお伝えしています。

どんな相手が素敵だと思うかは人それぞれでしょう。

ある人には「環境を重視している企業」が最高の人に思えることがあるでしょうし、ある人には「最先端テクノロジーを持っている企業」が世界一のイケメンかもしれません。「一般には目立たなくても、キラリと光るあの製品をつくっている。そんな企業こそがタイプ」そう答える人もいることでしょう。

さて、あなたにとっての素敵な人は、いったいどんな企業ですか？

投資はＥＰＳを見よ

企業価値の判断指標、平たく言えば「この企業は買うべきか買わざるべきか？」を測る指標の代表例を言えば、ＥＰＳとＰＥＲです。投資について書かれた本では真っ先にでてくる項目です。

ここでは簡単な説明にとどめますが、ＥＰＳとは「Earnings Per Share」のことで、日本語では「一株当たりの純利益」と訳されています。

これを求める計算式は「ＥＰＳ＝当期純利益÷発行済み株式数」となります。つまりは、税引き後の当期純利益が1億円で、発行済み株式数が１００万株の企業であれば、ＥＰＳは1億円÷１００万株＝１００円になりますね。

これをもっとわかりやすく簡単に言い切ってしまえば、ＥＰＳとは、株を買ったら得られる利益と言って間違いないと思います。なぜなら、税引き後の純利益は株主のものだからです。株主総会では、そこから配当金や役員への報酬などを株主が決定する権利を持っていることは、皆さんご存じのはず。

一方のＰＥＲとは「Price Earnings Ratio」のことで、「株価収益率」と言います。一株あたりの純利益に対し、何倍の株価がついているかを測る指標です。これを求める計算式は「ＰＥＲ＝株価÷ＥＰＳ」。

これを簡単に言い換えると、人気とか評価、期待値と言っていいでしょう。

つまりは、**「株価＝ＰＥＲ×ＥＰＳ」**であり、**「株価＝人気×利益」**なのです。

ＥＰＳとＰＥＲ、どちらか一方が上がれば株価は値上がりします。かけ算ですから当然です。両方上がれば最高ですが、片方が下がったとしても、もう片方が上がれば相殺されます。でも、「世間が参考にしているのはどちらですか？」と問われたら、これはもうＰＥＲのほうでしょう。

たとえば、ある企業が画期的な新製品をつくろうとしている。すると期待値であるＰＥＲがぐんぐんと上昇、株価は急伸することになります。

ＰＥＲが好まれるのは報道も同じです。ニュースや経済紙で報道されるのは、いつだって華やかなニュースのほう。「画期的な新製品が発売される」等々のほうが、ニュースバリューがあるからです。確かにケインズは天才で、残念ながら正しかったと思います。

「あっと驚く新製品ができるなら有望だ」「だったら株価は急騰するはず」「では先まわりして買っておこう」で株価が形成される現状は、世間の思惑が肝心の、美人コンテストそのものです。そして、ＰＥＲの上昇によって株価が高騰する銘柄があれば、「上がるにはなにか理由がある。俺も出遅れずに上昇の波に乗っておこう」と人気にあやかる人も出てきます。その後、新製品が生まれなければ、「ああ、あの子は思ったより美人じゃなかった」と評価がだだ下がりになるのです。

ですが**投資を社会活動と考えるなら、本当に大切なのはむしろEPSのほうであり、本来こちらを見るべき**なのです。

自分の好きな化粧品を熱心に薦めてまわる女性がいます。ビールはこの銘柄しか飲まないという男性も少なくありません。お中元やお歳暮、お礼にはかならずこの品と決めているお年寄りも多い。

これらはすべて、頼まれたわけでもないのに消費者が自らその商品をＰＲしている行為です。これは最強のＥＰＳ貢献であり、もっとも信頼できる企業価値の判断指数と言えるでしょう。

ですから、社会のために投資したいなら、企業選びは簡単です。自分の好きなもの、頼まれなくても薦めてまわりたくなるような商品を扱っている企業に投資すればいい。それが自分だけではなく、世の中も同じように思っていたら完璧です。

世の中が好きなものに投資するのがケインズならば、あなたは自分や周囲の人が惚れ込んだものに投資して、じっくりと待つ。大好きな異性がデートに遅れても気にもならない。むしろ待つ時間が楽しいではないですか。

これこそが、投資の本当のあり方です。

なお、朗報があるとすれば、結婚相手は一人ですが、投資する企業は複数でも誰も怒ったりしません。いろいろな企業に投資をすれば、多くの社会活動に参加することにつながるし、実はリスク分散にもなるのです。

儲けない勇気も大切

本当にいい投資家とは、誠実な恋人のようなもの。

つらい時期につらいとぼやかず、「好きだから信じて待っているよ」と言える人だと思います。恋愛ならば、こういう人こそが最終的に素敵な人を伴侶にでき、投資家ならば大きな利益を手にします。ですが、いくら大好きでも、持ち金すべてを恋人や株式に費やしてはいけません。

特に投資に関しては生活費を削ってまでというのは本末転倒もいいところで、**投資は生活費を確保したその余剰金で行う**もの。71ページでお伝えしたとおり、「無駄になっていたと思ってその一部を投資にまわしてみようかな？」程度から始めてみるものです。

それぐらいにとどめておけば、株を買うという行為が負担ではなくなります。「私は社会がこうあってほしい」「だからこういう貢献をしている企業を応援するのだ」と、むしろ楽しみになっていきます。じっくりと待つことができるし、一喜一憂することもなくなります。社会が良くなればリターンがあるはずと信じることができるからです。

ところが儲けを優先して考えたら、株式投資は楽しみよりも、つらいものになってしまいます。株価のささいな上下に一喜一憂し、下がったらそれこそ夜も寝られなくなりかねません。

アジアでコショウなどの香辛料を手に入れるため大海原に漕ぎ出した、大航海時代の貿易船の船長や乗組員を想像してください。

当然、船が沈むリスクはあった。ですがヨーロッパの食文化を発展させたいと遠いアジアへと漕ぎ出して行ったのです。そして、そんな冒険家にはパトロンがつきました。結果、少なからぬ数の船長や乗組員、そしてパトロンが、リスクに見合った利益を受け取っています。大航海時代の根本には、まずは夢や理想があったのです。

投資はリターンだけを考えたら失敗します。大航海時代の船長や乗組員、パトロンのごとく、夢や理想で自分が応援したい企業を応援するためにするものです。

「子育ては投資か愛情か——?」

一度これについて考えてもらうとわかってもらえるかもしれません。

「子育てには失敗するリスクがある」と考えたら、子育てなんてできません。子どもがどんなふうに育つかなんて、それこそ未来の株価を占うよりも難しい。ですが親は、わが子の未来を疑うことなく子育てをします。子どもにひとかどの人物になってほしいと思えば教育に投資するし、音楽に才能があると思えばピアノを習わせ、バイオリン教室に通わせます。

子の将来を信じているからこそできる行為です。株式投資もこれとまったく同じです。

子育てと同じなのに、リターンでしか考えていない人がほとんどなのが残念でたまりません。「儲かればどんな企業でもいい」と大金を投じ、たとえ一時的であったとしても、株価が下がれば売りを浴びせかけています。

株式投資とは子育てのようなもの。思惑通りに動くものではありません。急伸することもあれば、続落することもある。続落した時に親がわが子を信じるように企業を信じ、じっと我慢していられるかどうか——。

それを分けるものが、**その投資は自分が応援したい企業に向けたものであるのか否か、あるいは社会に貢献する行為であるか否か**でしょう。

つまりは、「儲けない勇気」も大切なのです。正確には、儲けファーストではなく、儲けは社会の成長の後についてくるもの、ということです。

投資が社会を健全に保つ

長期投資は社会への参加行為であるとお伝えしましたが、社会を健全に保つことでもあると言えます。

これも私がよくお話しするたとえ話ですが、こんな経験はありませんか？

近所に個人経営のまんじゅう屋さんや豆腐屋さんがある。まんじゅうはおいしいし、手づくりの豆腐は風味豊かで素晴らしい。ところが近所に大型スーパーができたらだんだん廃れてとうとう廃業。なくなって初めてあのお店が大切だったことがわかった。今ではあの味が恋しくてたまらない――。

あるいは、わが町には自慢の伝統工芸品がある。祖父母から子、子から孫へと代々使われ続けてきたものの、海外からの輸入品やら安価な代替品やらの攻勢で、いつの間にか使われなくなってしまった。存続こそしているものの「文化遺産」として残るばかりで、「日用品」としての寿命は風前の灯火――。

資本力に欠け、大量生産・大量販売ができない個人商店や伝統工芸品の生き残りには、実のところ地域の人たちの力が欠かせません。地域の人にまんじゅうなり豆腐なり、工芸品なりを買ってもらうことなしに、生き残ることはできないのです。

あの味を食べ続けたかった、あの工芸品を**日用品として残したかったのであれば、「消費者になって買ってあげる」**こと。さらに自分たち生活者は味方であり、まんじゅうや豆腐、工芸品は毎日の暮らしに欠かせないものであると寄り添ってあげることです。それこそが最大最強の支援であることに私たちは気がついていません。

なくして初めて、苦い涙とともに知るという経験を重ねています。

実はこれは企業でもあり得ることで、残念ながら決して少なくありません。

今もよく覚えていますが、ハゲタカファンドのターゲットにされ、株価がドスンと下がった企業がありました。もしもこうしたファンドに買収されたら、それこそ工場は大幅に縮小されて社員はリストラ。不要と見なされた部門は切り売りされ、業種の大幅変更もあり得ます。しかし、その直前に弊社のような**長期投資家が買いに入り、5〜6年後に、見事復活することができた**のです。もちろん、地域の方は、その愛すべき企業の顧客として居続けることができました。

のちになってお聞きした社長の言葉が今でも心に残っています。

「あの時、澤上さんたちが株を買い支えてくれなかったら、確実に買収されていたはずです。私も社員も今頃どうなっていたことか。当社の株をドンと買ってくれたことで、自分たちの商品や経営が〝間違っていない〟とわかりました。真っすぐ前を向き、立ち向かうことができたのです」

大型スーパーは便利ですが、伝統工芸品や、地味でもいい製品をつくりだしている個人商店のように、いつまでも継続させるべきものがあります。

正しい投資は未来づくりであると同時に、社会を健全に保ち、失ってはならないものを継続させる行為でもあるのです。

これもまた「理想の投資」です。

女性は投資に向いている

投資には「儲けない勇気」も大切とお伝えしましたが、この勇気が特に試されるのが暴落時です。私に言わせれば、相場は上がったら下がるもの。ですから動じる必要はまったくないのです。

たとえば、あなたが女性だったらほしくてほしくてたまらない服、男性だったら絶対手に入れたいゴルフクラブがあると想像してください。

とても素敵なデザインだし、ブランドにも定評がある。ショップがつけた値札はプロパー価格で、強気そのものの値段です。

そんな服やクラブが、目の前で3割引になったらどうでしょう。

きっと飛びつくのではないでしょうか。

これと同じで、私にとって**暴落は最高のバーゲンセール。有望な株を安く手に入れるチャンス**です。

弊社もＩＴバブル崩壊やリーマンショック、コロナショックと数々の金融危機に直面しましたが、みじんも動じませんでした。動じないどころかファンド仲間からの厚い信頼のもと株を買い増し、その結果、ＴＯＰＩＸ（配当込）の1・6倍以上、日経平均株価と比較すると2倍以上のパフォーマンスを実現しています。

だから私にとっては、暴落という買い場がないほうが怖いというのが本音。実の

さわかみファンドと株価指数のパフォーマンス比較

（1999年8月23日を10,000に調整して比較）

	Ⓐ 1999年8月23日	Ⓑ 2022年8月23日
さわかみファンド	10,000円 ※設定時	31,432円
TOPIX（配当込）	1,650pt	3,190pt
日経平均株価	18,233円	28,452円

出典：Bloombergを基にさわかみ投信が作成

ところ、「いつ暴落が来るんですか？」「私、下がるのを待っているのですけど」と、ファンド仲間から暴落を期待する声があるほどです。

ですから常に手ぐすね引いて待っています。「いい仕事をしているなあ」「この企業の商品、大好きだ」と思う企業を常々ピックアップしておいて、いざ下がったらすかさず買い増す！

だから暴落は、「ようやっと来てくれたか！」と歓迎こそすれ、少しも怖くありません。

話は少々逸れますが、チャンスを見るのも、いざとなったらドンと買うのも、女性のほうが上手なように思います。モノを買うのも株を買うのも、女性って本当にスゴイです。どちらの場合も「これ！」と決めたら虎視《こし》眈々《たんたん》とじーっと追いかけ、下がったとたん躊躇《ちゅうちょ》せずに買っていく。こうした絶対にブレない姿勢には、もう感心するばかりです。

男性はごめんなさい、どちらかというと下手ですね。

「もしも失敗したらどうしよう」「買って上がる確率はどのくらい？」などと、男性は情報をあさってしまいがち。ただ、手に入る情報なんて即座に株価などに反映されているので、時すでに遅しなのですが。

男性は投資をロマンのように感じているところも見受けられます。投資はお金を増やすのが本来の目的。それなのに、いつのまにか自分の投資知識を試す実践の場にして、投資を知的ゲームとして見ているようなところがあるのです。

株や企業に関する知識や情報は確かに男性のほうが詳しい傾向にありますが、**情報や知識を集めるよりも、ブレない姿勢を貫くほうがずっと強みになる**というのが実感です。

ただ男性は、変なロマンでリスクをとれるところが頼もしい。

誰も知らなければPERにも目立ったものがない。なのに企業姿勢や商品に感動して株を買ったら急成長なんてことも。

こんな「ロマン買い」で大成功する男性投資家がいるのに対して、女性はシビア。「投資でいくらためるぞ!」と目標を設定したら、着実にそれに向かって突き進む。そんな堅実傾向にあるように感じています。男性がロマンとか経済評論家のような優越感を好むのに対し、女性は自らの生活を最優先で考えている。結果、老後の資産形成とかそういった目的を果たすのは女性のほうが向いています。

投資は夢があったほうがうまくいく

投資にかぎらず、成果を手にしたいなら時間をかけることが欠かせません。

昨今、筋トレがブームだそうですが、1か月で身体を仕上げたいというのは無理な話で、引き締まった身体を手に入れるには、最低3か月はかかります。

ところがこれがなかなか難しくて、ある調査によるとスポーツジム入会後、3か月継続できる人の割合は40%ぐらいだとか。10人のうち、4人しか残らない計算です。

筋トレを始めた目的はさまざまでしょうが、継続には目的が不可欠です。そして「今年の夏は、誰よりもカッコいい身体でビーチの視線を一身に集めたい」「仲間内で一番健康でいたい」「ホノルルマラソンを完走する体力をつけたい。エントリーはもう済ませた」など、目的が強烈で、はっきりしていればいるほど続くように感じています。

投資も同じで、目的があったほうがうまくいくし、長続きします。

将来が不安だから投資をする。賢明な行為です。

しかし、それだけだと、「よくわからないけど将来のためにやっとかなくちゃ」としぶしぶやるものになってしまう。私としてはそこにもう一つ、**なにか夢を乗せてもらいたいと思っています。目的ができると投資が夢になる**からです。

たとえば「リタイアしたら豪華客船で世界一周をする」という夢も素敵だし、「5年後、このお金で起業したい」なんて夢もカッコいい。もちろん「増やしたお金で家を買いたい」というのも素晴らしいと思います。

夢を叶えるというゴールができれば、投資が「よくわからないけど将来のために」としぶしぶ出かける旅ではなくなります。ゴールを目指してワクワクできる、冒険旅行になるのです。

実はこれ、お金とともに生きる本質を表しています。

お金のために生きるのはとてもしんどい生き方で、夢という目的があるほうがお金は楽に貯まりますし、その使い方も上手です。特に**使い方に関しては「待つ」なり「辛抱する時間」があるほうが、ずっと賢明になれる**ようです。

これは宝くじの当選者を見てみると想像しやすいでしょう。

10億円が最高額の日本と異なり、アメリカの宝くじの賞金はものすごい。

6つの数字を当てる「パワーボール」という宝くじでは、２０２２年11月になんと20億４０００万ドル、当時のレートで日本円に換算すると２９７０億円というジャックポット（大当たり）が出たそうです。

幸運な当選者の名前は公表されていませんが、私には幸運とは思えなくて、むしろ心配になってしまう。なぜならばこうした高額当選者は、浪費で賞金のすべてを使い果たし、その結果、当選前より不幸になっていることが多いからです。「宝くじ当選が不幸の始まりだった」、そんな言い方をする人さえいると聞いています。

彼らは努力をせずに大金を手にしました。苦しい時期に自分の財布から虎の子の

1万円を投資にまわす経験をしたわけでもなければ、株価が続落するなどの不安に耐える辛抱も知りません。いわば大金が急に降って湧いてきたわけで、お金の大切さや、その大切なお金の使い方がわからない。

人生のためにお金があるのではなくて、お金のあとに人生があったがゆえの悲劇でしょう。

だから、「理想の投資」は「夢を叶えるという目的を持ってコツコツと」が持論です。

そのほうが、結果的にずっと幸せになれるからです。

トレンドは「環境」と「ＳＤＧｓ」へ、「投機」から「投資」へ

２０１０年代後半くらいからでしょうか、社会のトレンドが様変わりしたように感じています。世の中の意識が急速に環境やＳＤＧｓに向かったことで、経営者や企業もまた、環境やＳＤＧｓを強く意識するようになりました。

これはヨーロッパの企業で顕著ですが、アメリカも負けていません。

特にアメリカの某金融会社は「豹変」と言ってもいいほどで、ついこの前まではゴリゴリの儲け主義だったＣＥＯがスタンスをガラリと変えて、「企業は地球と人のためにある」「地球の未来を考えよう」などと唱えるようになりました。こんな臆面もない転向があったころからですね、**世の中から称賛される経営者が「ゴリゴリ儲けて株主に還元するタイプ」から「地球環境に配慮した経営ができるタイプ」**

に変化したのは。

これはなかなか興味深く、投資先を選択する際にも見逃せない変化です。企業価値は株価であるとする「投機」の立場から考えると、こうした動きは無駄でしかありません。利益をトコトン追求して株主を喜ばせることこそが投機の本筋。投資家もまた、それができる経営者を歓迎しました。アメリカの某金融会社のCEOも、投資家が求めるからこそ「ゴリゴリ儲けて株主に還元」していたわけです。

ところが地球が気候変動という危機的状況を迎えることで、投資家が求めるものが変わってきた。重視するものが「環境」や「SDGs」など、時間もかかればコストもかかるものへと変化が生じてきたのです。変化を容認せざるを得ないほど、地球が危機的状況にある現れだろうと思います。

求められるものが変化すれば、経営者も変わらないわけにはいきません。

某CEOの豹変もそれを受けてのことで、世の中のトレンドが投機より投資に向かいつつあると言い換えてもいいでしょう。ただ、まだまだ多くの投資家が「環境よりも利益のほうが大切」と思っているのもまた事実です。

２０２１年3月、フランスに本社のある世界的食品メーカー、ダノンのＣＥＯが突如として解雇されました。この企業はＥＳＧ（環境・社会・企業統治）やＳＤＧｓに多大な貢献をしている素晴らしい企業なのですが、それに注力するあまり、経営指標でライバル会社に差をつけられてしまったのです。それが解雇の理由でした。

株式市場のトレンドは、しばらくはこの両方のせめぎ合い、つまりは「環境やＳＤＧｓを大切にしよう」というトレンドと「利益のほうが大切だ」という勢力が拮抗して進んでいくと見ています。

ですが、投資家が「地球環境を大事にしなきゃダメだ」と思えば、間違いなく世界はその方向に進みます。言い換えると、世界中の投資家が、「そうか、環境やＳＤＧｓを意識している素晴らしい企業に投資しよう」、あるいは「そうではない企業は見捨てよう」と足並みをそろえれば、環境やＳＤＧｓは、もう劇的に良くなると見て間違いはありません。

環境やＳＤＧｓの大切さは理解している、でもどう貢献すればいいのか具体的にはわからない、という人が多いと思います。

貢献方法の一つは、**あなたの意思を、「投資する企業の選択」で示す**ことです。

株式投資はまだまだ目先のことが優先されがちで、「儲かるところはどこだっけ？」で投資先を選んでいる人が多いのが現実です。それを是とするか？　あるいは環境を守り、未来を守る方向へと進むのか？

決めるのは投資家たるあなた。投資家は投資を通じて環境を守り、未来に貢献することができる存在でもあるのです。

裏事情を知らずして投信会社にお金を託すな

日本には投信会社が１１０社存在し（２０２３年5月17日現在）、多くが大手金融機関に由来しています。皆さんも「○○アセットマネジメント」など、○○の部分に大銀行の名やグループ名、大手証券会社の名前がついている投信会社を見たり聞いたりしたことがあるでしょう。

なぜ頭に大手金融機関の名前がついているかというと、投信会社はその銀行や証券会社の子会社だから。親会社の意向を汲んでファンドをつくり、系列の販売会社に卸します。

銀行も証券会社も、自社の利益を上げるのが会社の発展になり、社員の給料アップにつながります。つまりは銀行や証券会社の子会社で運用部門たる「○○アセットマネジメント」には、系列会社が売りやすいファンドをつくるというミッション

株式売買のタイミング

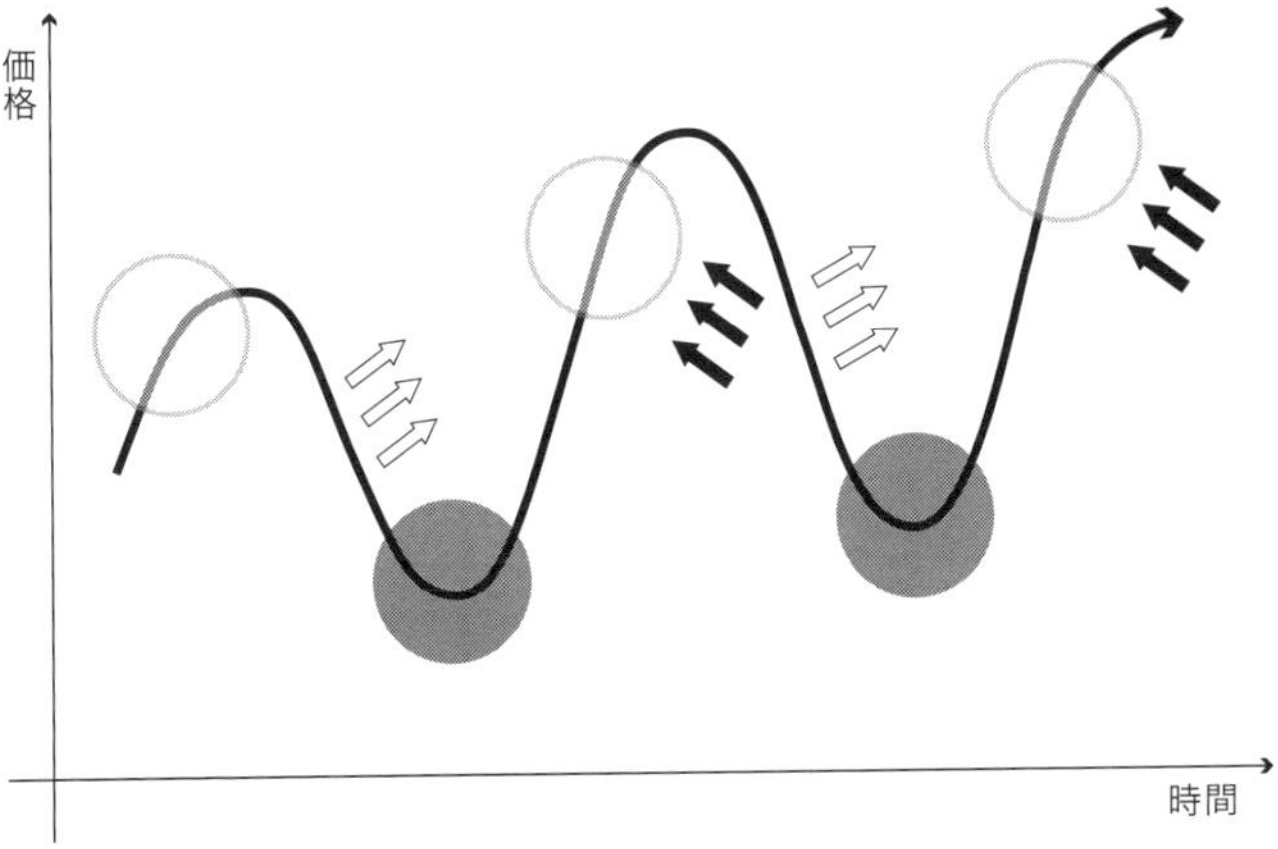

が課されていると考えられます。ちなみに**日本の投信会社110社のほとんどがこうした大手金融機関の子会社・孫会社**です。

さて、ここで投資信託というものの構造について考えてみてください。

株式投資で利益を出したければ、安く買って高く売ること、これに尽きます。上の図で見てみると、黒い丸のタイミングで買い、白い丸のタイミングで売る。これが株式で利益を狙うもっともベストな売買のタイミングで、個人も投信会社も変わりません。

では実際、個人投資家はどのタイミングで株を買っているのでしょうか？

多くの人は、残念ながらタイミングの良くない黒い矢印の時点で買っています。

しかしこれには理由があるのです。

黒い矢印の部分では相場は上げ基調。報道も「株価絶好調！」「日本経済復活か!?」等々、日々明るさを増しています。買いたくなるのも当然でしょう。

証券会社などの販売会社にとっても黒い矢印は絶好のチャンスです。電話によるセールスをするのも実はこの時期。経験から天井はもう少しでくるとわかっていても、「今が買い時！」と営業攻勢をかけます。

上がり過ぎた株価はやがて下がるのが道理です。すると投資家は「早めに損切りしておこう」と一気にファンドを売り始めます。これが白い矢印の部分の投資家心理です。

一方、見方を変えれば白い矢印の時期は、株を仕入れるチャンスがもうすぐ来るという時です。

運用を担う投信会社は黒い丸のタイミングを待っているのですが、実際のところその絶好のタイミングで株を買うことはできません。今言った通り、個人投資家の売り注文が殺到中。株を買うどころか、保有する株式を安く手放し、現金をつくらなければならないからです。

これでは良い運用成績など、出せるわけがないのです。

相場は下がれば上がるものです。いずれは上げ相場に復調しますが、その時、「○○アセットマネジメント」はどうするのか？

親会社からの指示に従い、次なる投資テーマのファンドをつくるのです。つまりは販売会社の売りやすいファンドが再設定され、新しいファンドへの資金の付け替えが始まります。「素晴らしいファンドができましたよ。いかがですか？」と個人投資家への勧誘が始まるのです。

これは**販売会社の利益にはなっても、投資家の利益にはなっていない**のです。

ですがこれこそが現在、日本で行われている多くの投資信託販売の実態です。

さわかみ投信が「投資の王様・株式」に投資するわけ

皆さんの投資先、すなわち金融商品にはいろいろあります。これまで触れてきた株式を始め、債券、為替、不動産、金、ビットコインのような暗号資産までいろいろあるなか、株式には他の金融商品とは異なる特徴があります。

それは、価値自体が上がる、いわば自己増殖できるという特徴です。それが、「株式は投資の王様」と言われていて、同時に、弊社の投資が株式中心である理由です。

わかりやすく解説しましょう。

最近、投資先として「金」が人気ですが、金は金、ただの金属で、金が自ら奮い立って「投資家のために値を上げるぞ！」ということはありません。冗談に聞こえるかもしれませんが事実です。

債券や為替も同じです。債券は金利を目的にしたもので、満期まで保有するといくらになるのか決まっています。為替への投資は二国間の通貨の価格差で稼ぐもの。通貨が「日本円が安いようだ。ここは頑張って円高に振れよう」と言ったとは聞いたこともありませんし、暗号資産なんてものはもう、それこそなにがなんだかわからない状態です。

ところが唯一、株式だけは異なります。株価とは企業そのもの。そして企業とはなにかと言えば人の集合体であって、「投資してくれた皆のために頑張るぞ！」と人の力で未来に向けて成長もできれば、逆に成長を放棄して諦めることもできる存在です。

これこそが、人間の集合体たる企業のみがなせる業。つまりは数ある金融商品のなかで**株式のみがただ一つ、人の意志で自ら成長でき、株価を上げることができる**のです。

こう言い換えてもいいかもしれません。今をときめくアップルやアマゾン、日本でいったらユニクロもそうですが、最初は豆粒みたいな企業でした。それが今ではグローバル企業になっています。

　これらの企業が世界企業になれた理由はさまざまですが、関わる人の理想があったことも大きく影響していると思います。アップルには「オフィスから離れたところでも使えるおしゃれで使いやすいコンピュータをつくりたい」という理想があり、アマゾンには「世界中からいい商品を集めて、届けたい」という理想が、ユニクロには「ライフウエアを手ごろな価格で提供したい」という理想がありました。

　現時点から振り返ると取り立てて特徴のない理想に聞こえますが、それは理想が現実化してどこでも手に入るようになったから。つまりは世界に冠たる大企業になったからで、各社が創業したあの時代にこんな理想を描けるなんて、これはもう、革新的にカッコいいことでした。

　株式会社には、そんなカッコいい経営者や社員がいて、企業をさらに発展させようと今この瞬間も必死になって働いています。アップルやアマゾン、ユニクロの発展も、そうした「人」が成し遂げたもので、現在の株価はその努力が結実したものです。これは企業の力そのものに投資する**株式投資にだけありうることで、債券や為替、不動産や金、暗号資産にはできない離れ業**といえるのです。

私はこうした企業を支え、寄り添い、成長を助ける者でありたいと願っています。それこそが企業に寄り添う行為である投資の醍醐味であり、社会活動であり、めぐりめぐって投資家を潤すものであるからです。

ところが多くの投資家の場合、株価の変動を見るばかりで、成長に目を向けていないのが残念でたまりません。

現在日本には投信会社は１１０社あり、５８０９本（２０２３年4月末現在）もの公募の株式ファンドがあります。ファンドの種類はさまざまですが、一時のリターンだけでファンドを選ぶと、未来のアップルやアマゾン、ユニクロのような存在を見落とすことになりかねません。

投資先の見つけ方、私の場合

自分だけの素敵な人を見つける。それが上手な投資先の見つけ方でした。

私の場合は「代表が信頼できる人物か否か」も重要なチェックポイント。

信じるに足る経営者がいることが、私が結婚したくなる素敵な人であり投資先です。

私が投資先選びの指標とするのは、社長の能力から始まって、82ページで触れたＥＰＳとＰＥＲ、財務諸表のチェックやビジネス環境などさまざまですが、最終的な判断基準は「人」です。企業を**発展させると示したビジョンに対し、その企業の代表がやり切ってくれる人物か否か**です。

これはビジョンに対して失敗しそうな人物かどうかという意味ではありません。失敗は誰でもします。名経営者であればあるほど手痛い失敗は経験済み。それを生かしてきたからこそ、名経営者になれたのですから。

しかし、諦めたり投げ出したりしたら、これはもう絶対にいけません。投資家からしたら、一番の裏切り行為であるでしょう。むしろ「失敗しました！　すみません！」と言われたほうがずっと気が楽というのが実感です。

だって、「そうですか、あなたもよく頑張ったし、私（投資家）もその頑張りを信じていました。結果的にはうまくいかなくて残念だけど、次はどうするのですか？」という、ただそれだけの話ですから。

これも株式という人間が介在するものだからこそできる話でもありますが、それゆえに、気が抜けない部分です。その意味で、社長交代は私にとって投資先をもっとも注視しなければならない時期と言えます。

「一番気が抜けない」時期ではありますが、社長交代が企業の未来を明るく感じさせることもあります。

弊社は株式の長期保有が原則です。であればこそ、投資先企業の人や業務、経営環境について知っておくことが欠かせません。弊社は投資先企業の現場に出向き、工場や営業所の人たちと直接触れ合い、業務内容について率直に教えてもらう機会が他の投信会社よりも多いと思います。これは株価を追うばかりではできないことです。

そこで知りあった専務や工場長が社長になる。こうした場合には、よくも悪くもホッとします。接点があるので、「この人がとうとう代表に。それならば安心だ」とか、「これはまずいぞ」ということがわかるからです。

本当に**怖いのは、銀行など、外から代表がやって来る場合**です。この場合は優秀かそうでないかも含め、まったく予見できません。

さらにはカリスマ経営者によるいわゆる「禅譲《ぜんじょう》」も恐ろしい。これは社長退任の際、社長が次期社長を選ぶことですが、名経営者で知られるニデック（旧社名・日本電産）の永守重信さんも二度ほど禅譲社長を解任していますし、今、ノリにのっているユニクロの柳井正さんも同じ経験をしました。

永守さんとは何度かお会いしたことがありますが、「任せ切っていないな」という感触がありました。どちらの場合も能力と実績を見ての禅譲で、完全に信頼しての禅譲ではなかったのです。

79ページで投資先の選び方として結婚相手選びを例にあげましたが、結婚相手選びは「今、稼いでいる人か？」が重要ではないように思います。今、稼いでいる人が、稼げなくなることはあり得る。だったらどこで選ぶのか？　「これから稼ぎ続けてくれると思う」「その頑張りに寄り添いたい」といった「信頼」や「自身の覚悟」でしょう。

結婚の際、誰を信頼するかしないかは、結婚する本人が判断するしかありません。これは投資先選びも同じです。主体性を持って、相手がきちんと成長して大きな富をもたらしてくれるかどうか。それを自身が信じ続けられるかどうか。そうやって選ぶべきです。

賢く投資したいのなら、銀行についても知っておこう

私は投資こそ老後の不安を解消するもっとも有効な手段だと思っていますが、残念ながら日本には、投資にアレルギーを持つ人がまだまだ多い。特に高齢者の多くが、「銀行預金のほうが安全だから」とおっしゃいます。そこで、投資を検討する前に、まずはその銀行について知っておくのもいいでしょう。

私は常々、「預金」という言葉は、ある意味で世界三大発明の一つではないかと思っています。この言葉ゆえに皆さん、銀行にはお金を「預けている」と誤解していますが、これは本当に間違い。正確には、皆さんは銀行に「お金を貸している」のです。

銀行は皆さんから借りたお金をさらに貸し出すことで利益を得ているのです。貸

し出す対象は企業だったり、私たちを対象にした住宅ローンであったり、あるいは国債を買うこともあります。通帳を見るとついている利息とは、銀行がこうして得たお金から支払われているものの一つ。つまりは、私たちが銀行にお金を貸したそのリターンとして得ているものです。

この仕組みに齟齬《そご》が生じたらどうなるのか、考えたことはありますか？

今、コロナ禍をきっかけに始まったゼロゼロ融資の返済が本格化しつつあります。経済はまだまだコロナ禍の影響を脱していませんし、お金をバラまきすぎたツケで、金利も徐々に上がり始めています。今後、借金を返せず破綻する企業は少なくないでしょう。すると**銀行は融資を回収することができません。昔、不良債権問題というのがありましたが、これと同じことがこれから次々起こる**と予想されているのです。

「あら、澤上さん。日本には預金保険機構があるじゃない！　元金1000万円までの普通預金を保証するペイオフもあるし、私たち預金者は大丈夫よ！」

そんな楽観論は通用しません。

２０２２年12月末時点の日銀統計によれば、わが国における個人の金融資産はおよそ２０２３兆円。ところが預金保険機構が持っているお金といえば、わずか５兆円に過ぎません。

さらに銀行は信用創造という爆弾もかかえています。これは銀行が貸し出しを繰り返すことで預金額を数倍に膨れあがらせる行為。これにより不良債権を持たない銀行であっても、連鎖の波に飲まれる懸念があるのです。

「銀行が倒産するわけがないじゃない！」

こんな考えも通用しません。２０２３年３月、アメリカのシリコンバレーバンク（ＳＶＢ）が破綻したのを覚えていますか？

この銀行は起業家への融資をビジネスの中核にしていた金融機関。融資を受けていた起業家は、利益が出れば当然ＳＶＢにお金を預けます。起業家サイドから見ればこれは「預け入れ」。一方ＳＶＢから見れば「借り入れ」ということです。当然、起業家へ支払う利息より高い利益を得ないことには、金利を払うことができません。金利を払うためにＳＶＢはどうしていたか？

債券を買っていました。ところが市中金利が上がってしまったことで債券価格が暴落、価値が下がり、借り入れ（預金と呼ばれているもの）とのバランスを欠いてしまったのです。

お金を預けていた起業家たちはたまりません。「ＳＶＢは危ない！」という噂が流れ、取り付けが起こりました。その結果、２０２３年3月10日、ＳＶＢは破綻へと追い込まれることになったのです。

多くの人には「銀行は安全」「投資は危ない」という刷り込みがあります。ですがＳＶＢの例からは、**銀行の安全神話が眉唾であることがわかる**と思います。「ペイオフがあれば絶対安心」というわけではないのです。

投信会社についても知っておく

私たち投信会社の手元には、お客様からお預かりしたお金はないという事実を知っている人は多くないように感じています。

弊社は2023年4月末時点で、11万人強のファンド仲間からおよそ3500億円の運用資金をお預かりしていますが、このお金は弊社にはありません。社内のどこをのぞいてみても、お預かりしたお金はおろか、大量の株券が眠っているような巨大金庫を探し出すこともできません。

では、お預かりした運用資金はどこにあるのか？

信託銀行にあります。信託銀行の「信託」とは、個人や企業からの依頼を受けて、託された財産をあらかじめ定めた目的に従って運営管理する行為をいいます。信じて託されているわけですからいわゆる「遺言信託」と同じで、「託している人」、すなわち弊社の場合では、お客様であるファンド仲間以外の人が引き出すことはできません。

弊社は顧客資金に指一本触れることができないのです。

では、弊社を始めとする投信会社の仕事とはなんなのでしょうか。

それは指図権の行使が仕事です。つまりはお客様からの運用資金を増やすために、株式を始めとする**金融商品を、いつ、どれを、どれだけ買うかを考えて、信託銀行に指図して購入してもらう**のが仕事。弊社に限らず投信会社とはどの会社も、その権利だけを有している存在です。

投信会社の指図で買われた株券も運用資金と同じく、信託銀行に託されて大切に管理されます。そして託された株券は、信託銀行の財産とは区別して分別管理されています。投信会社が株券を預けている貸金庫が信託銀行。そんなイメージを思い浮かべていただくとわかりやすいかもしれません。

信託銀行は貸金庫。預けた人以外は触れることができません。さらには分別管理

投資信託の仕組み図

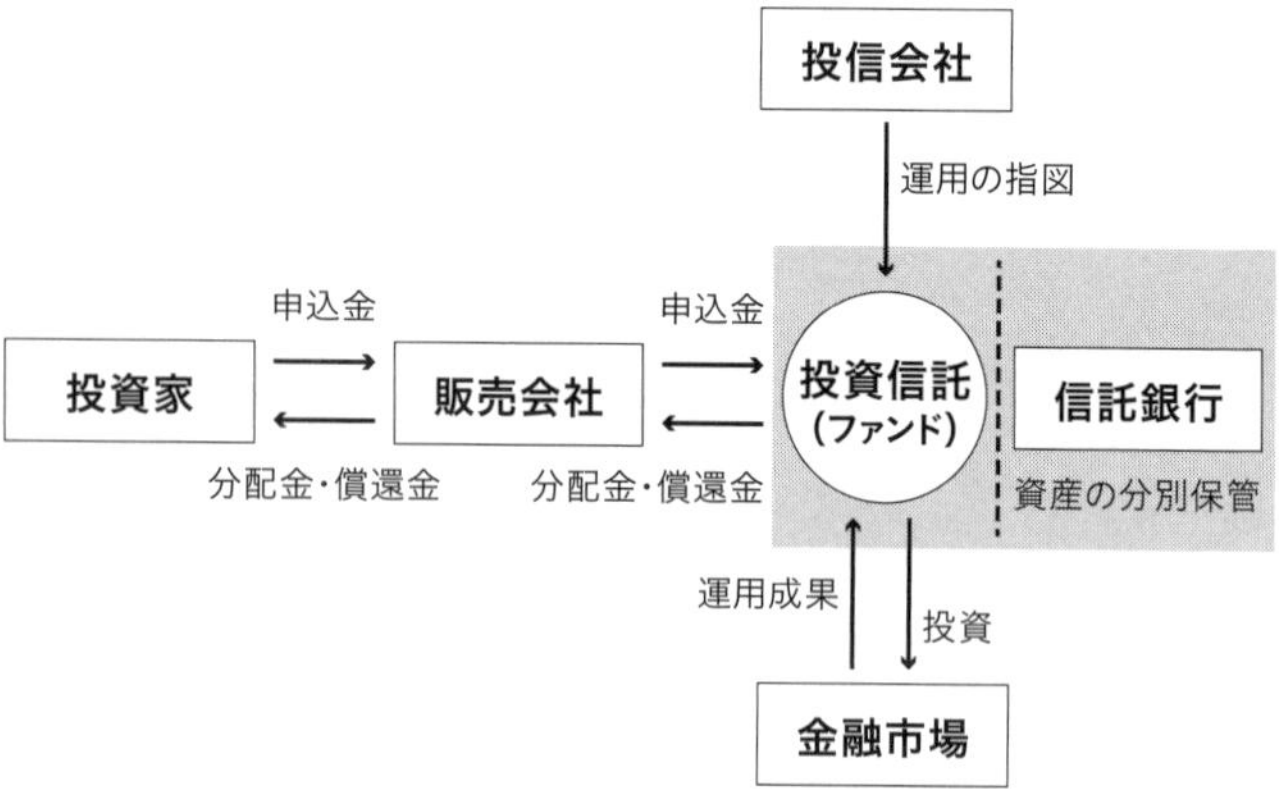

で信託銀行が手をつけることもできません。

ですから、万が一、**信託銀行が破綻したとしても貸金庫の中身と同じく、株式はお客様に返却されるのが原則**です。

「預金は安全」「投資は危ない」が日本ではまだまだ一般的ですが、どちらが安全でどちらが危険かは、一概には言えないことがおわかりいただけると思います。

○澤上社長が答えます！　さわかみホント⁉

Q

さわかみ投信は、企業から直接、配当金や株主優待はもらっていないってホント？

A

はい、本当です。

『さわかみファンド』として投資をする企業の配当金は、さわかみ投信のお客様（受益者）の権利となるため、配当金はファンドの資産に組み込まれます。同じく、株主優待は可能な限り換金し、配当金と同様にファンドの資産に組み入れます。したがって、株主優待として届いた商品などを弊社内で分け合っていることはありませんので、ご安心を。

第3章

人生をカッコよく生きるためのお金の増やし方

さあ、お金に働いてもらおう

余裕ある老後を送りたい、あるいは人生をカッコよく生きたいのなら、投資を検討すべきです。対象は株式や債券を始め、為替、不動産、金、ビットコインのような暗号資産までさまざまですが、個人が利益をあげたいと思うならば相当量の情報収集が欠かせません。その道のプロと伍して利益をあげようというのですから、これはもう大変です。

69ページでも触れましたが、世界情勢や相場の情報収集なんて無駄もいいところだというのが持論です。第一、収入をよくしたいと願うなら、それこそ仕事や自己投資、研鑽のほうに時間を割くべき。むしろそちらのほうが責任ある大人としての正道でしょう。

だったらここは、いわゆるお勉強はプロに任せ、貴重な時間はもっと有意義に、たとえば家族や趣味のために使うべき。

そのためにあるのが、投資信託（ファンド）というものです。

ファンドとは、たくさんの人たちからお金を集めて１０００億円、２０００億円という大きな資金としてまとめ、投資のプロであるファンドマネージャーに運用してもらおうというものです。専門家があなたに代わって経済や株価、企業財務から不動産や金の価格動向まで分析し、「この企業が好調だ」「この金融商品には将来性があるぞ」と投資してくれるわけですから、**知識ゼロでも今日から投資が始められる**のです。

さらには、数千億円規模の大きな資金で投資しますから、間接的ではあるものの、個人ではハードルが高い、たくさんの企業の株を持つことができます。

たとえば、「この企業はいけるぞ！」と思っても、個人だったら三つ、四つの企業を買ってしまえば多くの場合それが限度。ですがファンドでしたら、さまざまな株に投資することができるのです。

弊社の場合を例に取れば、投資企業は2023年4月末現在、国内外の企業125社。月々1万円から始めることができますから、わずか月1万円で弊社アナリストが厳選し、投資対象としている100社以上に投資できることになるわけです。

「集めた資金をどこに、どれくらい投資するか？」については、各投信会社が行い、あなたが口を挟むことはできません。ただしどんな投資信託を選ぶかで、あなたの希望や目論見を反映させることは可能です。

投資信託には、比較的安心といわれる国内外の債券を中心に運用しているファンドもあれば、デリバティブ（先物取引、オプション取引、スワップ取引などの総称。「金融派生商品」とも呼ばれる）などを使ってリスクを恐れず運用しているファンドもあります。オフィスビルや商業施設、土地の価格に投資する不動産投信もありますし、すべてをまとめたバランス型といわれるファンドもあります。

どんなファンドを選ぶかは、あなた次第。あなたの**希望や目論見に合わせてファンドを選べばいい**わけです。

ちなみに投信会社は、弊社のような独立系直販投信から大手銀行等をバックに持つ銀行系などがあって、２０２３年４月末現在、５８０９本の公募の株式ファンドが販売されています。

収入の５％をバリバリと働かせる

第２章でどの家庭にもある３割の浪費のなかから投資を始める方法を紹介しました。ですが、あなたがもしも20～30代の若い世代で、将来、余裕あるカッコいい老後を送りたいと願うのなら、今日から即、月収の５％を定期的に投資に充てるのがベストな投資術です。

令和４（２０２２）年の賃金構造基本統計調査によると、新規大卒者の賃金は22

万8500円、大卒の30代前半（30歳〜34歳）の賃金は30万4900円、大卒30代後半（35歳〜39歳）の賃金は35万3900円。つまりこの世代なら、月々およそ1万円超から1万7000円が投資に充てられる金額です。

「月収の5％」ですから、当然、年齢を重ねて月収が上がったら、投資に充てる金額も増える点にはご注意を。この5％という数字は、セミナーでも弊社の運用報告会でも、私がずーっと言い続けている数字です。

なぜ収入の5％なのかと問われれば、投資が生活を圧迫するものであってはならず、さらには生活のための支出とは収入で決まるものだから。

たとえば月収100万円の人と50万円の人とで比べると、前者のほうが後者より倍は投資できるだろうと思いがちですが、さにあらず。現実はそれほど単純ではなく、**収入が倍になれば支出も比例して増加する**のが普通です。

なぜなら収入が増えれば、贅沢したくなるのが人情です。電車で移動するところをタクシーを利用したり、スーパーなら500円で買えるものを、デパ地下で10

００円で買ったりしても気にならなくなっていきます。

そして一度上がった生活水準を落とすのは、本当に難しい。事実、現役時代、月収１００万円をもらっていた人は、たとえリタイアしても、それ相応に贅沢です。

ですから第１章で触れたように、「老後をつつがなく暮らすには２０００万円必要」というのは正確ではなく、老後に必要な金額は収入によって変わります。

この２０００万円という数字は、金融庁の市場ワーキング・グループが２０１９年の『高齢社会における資産形成・管理』で算出した数字ですが、高額所得をずっと得てきた人の老後が２０００万円で足りるということは、まずありません。

つまり老後に必要な金額は、現役時代の収入から考えるほうが正解で、その準備に必要なのは額ではなくパーセンテージ、つまり５％というわけです。

ただし２０００万円を基準に考えると、実現はそれほど難しくありません。

現在、サラリーマンが現役で働いている期間はおよそ40年。平均年収を４００万円とすると、年間５％を節約できたら年に20万円×40年で８００万円貯められる計算です。４００万円という数字はあくまで平均。ですから少し頑張れば１０００万円ぐらいは貯まるでしょう。

では、この１０００万円を投資にまわしていたらどうなるか？

年率５％で複利運用できたと仮定すると、40年で３０００万円を超えてくるので、金融庁の言う２０００万円は簡単にクリアできる計算です。

弊社の実績で計算すると、１９９９年11月の『つみたて投資』サービス開始時に月々１万円で投資を始めたと仮定すると、２０２３年５月末現在の合計投資額は２８３万円。評価額はおよそ６２１万円（年率６・１％）ですから、およそ2倍超になった計算です。

この弊社実績をもとに毎月１万円を40年積み立てた場合はどうかといえば、投資金額は計４８０万円。これを年率６・１％で運用できたと仮定すると、月一回複利で計算した場合、１９５７万円となり、２０００万円の目標をほぼ達成できています。

つまりは**平均年収の方であっても、政府が勧める「老後をつつがなく暮らすため**

の2000万円」が無理なく手にできる計算です。

投資信託の世界では、若いというのは、それだけでものすごいアドバンテージ。「時間を味方にする」ということができます。

目標実現のために投資するなら

毎日の生活が投資で苦しくなるようでは本末転倒もいいところ。カッコいい生き方とは言えません。各年齢での月収の5%、あるいは無駄金になっていた収入の3割の一部から投資するぐらいがちょうどいいでしょう。

とはいえ、どういう人生を送りたいかを考えてそこから逆算し、何歳でいくら必要になるかを考えて投資する方法もあります。たとえば何歳になったら結婚する、家を持つ、あるいは起業するなど目標に向けての投資信託の活用です。

こうした生活設計や目標のためにも、投資信託は有効な手段です。そして実現するためには、必要な目標金額と投資期間を計算して始めることです。

たとえば結婚ならば、何歳ごろにするつもりでいますか？　住宅が目的ならば、いつごろ購入もしくは建築しますか？　起業ならば、いつごろの予定でしょう？　目標のために**必要とする金額が目標額、達成するのに必要な期間が投資期間になる**わけです。目標額と投資期間が判明すれば、投資すべき金額と必要な運用利回りがわかります。

たとえばあなたが10年後の起業を考えていて、目標額が１０００万円の場合、毎月いくらの投資金額が必要となるか。１３７ページの表をもとに考えてみましょう。想定の運用利回りは弊社の『つみたて投資』での運用実績である年率６・１％にもっとも近い、６％を前提とします。投資期間はもちろん10年ですので、表の係数は１６２・４７となります。したがって投資すべき月々の金額は、「１０００万円

目標金額達成に必要なつみたて投資金額算出係数表

係数		投資期間(年)							
		5	10	15	20	25	30	35	40
運用利回り(年利)	1%	61.49	126.12	194.05	265.44	340.47	419.33	502.21	589.32
	2%	63.02	132.60	209.42	294.23	387.87	491.26	605.41	731.44
	3%	64.58	139.45	226.24	326.85	443.49	578.71	735.47	917.19
	4%	66.18	146.70	244.66	363.84	508.85	685.27	899.92	1,161.06
	5%	67.81	154.36	264.82	405.80	585.73	815.38	1,108.46	1,482.52
	6%	69.49	162.47	286.91	453.44	676.29	974.51	1,373.60	1,907.68
	7%	71.20	171.05	311.10	507.54	783.04	1,169.45	1,711.41	2,471.54
	8%	72.94	180.12	337.61	569.00	908.99	1,408.55	2,142.57	3,221.08
	9%	74.73	189.72	366.64	638.85	1,057.69	1,702.11	2,693.64	4,219.24
	10%	76.56	199.86	398.44	718.26	1,233.32	2,062.84	3,398.79	5,550.35

※月1回の複利計算(年利を月利換算してシミュレーション)
※係数算出時:小数点第3位を四捨五入

出典:さわかみ投信

÷１６２・４７」で、６万１５５０円（税金は考慮せず）です。10年後、１０００万円が必要ならば、月々この金額を投資に充てなければなりません。

　この月々６万１５５０円が無理のないものかどうかは、あなたの収入で決まります。投資に充てる金額をもっと多く設定したり、あるいは高利回りのファンドに託したりすれば、運用期間を短縮することは可能です。ただし前者の場合はそのぶん生活費が圧迫される可能性がありますし、後者の場合にはリスクが増えます。さらには運用期間中、予期せぬお金が必要になることも人生においてはよくあるものです。

目標という夢を持つことは大切ですが、毎日を楽しむこともまた大切。その二つが両立できてこそ、カッコいい大人といえるでしょう。

目標に目を据えつつ、現実的な投資金額を探ることをお勧めします。

中高年は年齢ならではのアドバンテージを生かす

長期保有が原則の投資信託では、若さはなにものにも代えられないアドバンテージ。ですが中高年には中高年の、若年層にない二つのアドバンテージがあります。この世代の投資術は、そのアドバンテージを上手に生かすことがコツ。

一つめは生活設計が定まりつつあるということです。

40〜50代は、社会人として仕事に就いておよそ20〜30年経った頃。住居や家族構成も定まり、子どもたちも巣立ちを迎えつつある年代です。これは未来に必要なお金の額が定まりつつあるということを意味しています。

つまり中高年層とは、どれだけのお金を、どれだけ増やせば自分が理想とする老後を過ごせるかの計画が、若年層よりずっと立てやすい世代であると言えるのです。

二つめのアドバンテージは蓄財です。投資にまわせるお金がどれほどかはそれぞれでしょうが、20〜30代の若年世代よりは、収入も多ければ蓄財も多いのが一般的です。投資を雪だるまにたとえるとしたら、中高年層は最初の雪玉が若年世代よりずっと大きい。雪玉が大きければ雪面をころがした時につく雪の量もまた多いわけで、**慎重かつ上手に運用すれば、若年層よりずっとスピーディにお金に働いてもらうことができる**はずです。

種となる雪玉を大きくするため、初回こそ蓄財からお金をまわしますが、その後の継続的な投資金額は中高年の場合でも月収の5％がお勧めです。

理由は前にも述べたとおり、老後に必要な金額は生活のレベルで決まるもので、なおかつ投資が生活を圧迫するものであってはならないからです。

ちなみに弊社のファンド仲間を見てみると、20代に月々1万円で『つみたて投資』を始めた方の多くが、この年代を境に積み立て額を引き上げているようです。さらにはこれに、ボーナス時だけ増額する投資スタイルをとられる人が多い。要は、長期での運用が可能という時間のアドバンテージに欠ける分、豊かな金融資産というアドバンテージを生かされているわけです。

ちなみに私は、こうした40~50代といった中高年層こそ、投資信託を真剣に考えていただきたいと思っています。なぜならば、若年層が投資すべきは自分自身。それぞれの夢を追ったり、あるいは「稼ぐ力」をつけるべく自己投資や自己研鑽に励んだりすべきで、投資とは本来、「稼ぐ力」を身につけた中高年層のためにこそ存在するものだからです。

ただし投資先は慎重に。この世代は生活設計や金融資産でアドバンテージがある分、持てる時間は短いというディスアドバンテージがあるのもまた事実です。一獲千金を追うリスクは取り返しがきく若い世代だけに許される冒険で、この世代はギャンブルを冒すべきではありません。ですから一度や二度の暴落にも負けない、歴史と安定性のあるファンドを選ぶようにしてください。

さらに私の個人的な願いを付け加えさせていただけるなら、この世代には若い世代のお手本になるような、カッコいい人たちであってほしいと願っています。

40代、50代は、人生百年時代のまさにど真んなか。経済の面から見ても中心をなしている世代と言えるでしょう。私はこうした社会の主役ともいうべき世代に、次の世代や子どもたちの見本となるようなカッコいい投資行動を取っていただきたいと思っています。

つまり**目先の儲けを考えての投資ではなく、日本や次の世代の未来を考えた、想いを込めた投資をしていただきたい**のです。想いを込める先は、未来に残したい商品でも、未来を守るための企業や商品でもなんでもいいです。

私はこうしたカッコいい行為こそが日本の未来をつくり、次世代の人生をいいものに変えていくのだと信じています。

アクティブファンドはインデックスファンドに勝てないという嘘

投資信託（ファンド）にはパッシブ型（インデックス）とアクティブ型があって、アクティブファンドはインデックスファンドに勝てないという説を聞いたことがあるかもしれません。

インデックスファンドとは、ベンチマークという指標と連動することを目指す投資信託のこと。たとえば「ＴＯＰＩＸ（東証株価指数）をベンチマークとするインデックスファンド」ならば、原則としてＴＯＰＩＸと連動するように投資先が選ばれ、それがコンピュータで機械的に運用されています。

ＴＯＰＩＸを構成する株式はまさに玉石混淆《こんこう》。業績が良い企業もあれば悪い企業もあり、それらの株価と連動するわけですから、この場合、ＴＯＰＩＸ全体に分散投資するのとほぼ同じといっていいでしょう。ただしＴＯＰＩＸを大きく上回るような成果をあげることはできませんし、もしもＴＯＰＩＸが下落相場に陥ったとしたら、ファンドも下落することは避けられません。

一方のアクティブファンドとは、指標を上回るリターンを目指すファンドのことです。日経平均株価をベンチマークにしているとしたら、日経平均株価を上回ることを目指します。この目標をクリアすべく、**投信会社は自分たちのポリシーや目利きに従って投資先企業を選び、組み入れ比率や売買のタイミングも自分たちの考えで決定**します。

大きな利益を目指すべく、投資先企業にも制限を設けません。アメリカ株を中心にしているファンドもあれば、リスクをとって新興国の株式にも投資しているファンド、弊社のように日本企業中心のファンドもあります。さらには株式を売買するタイミングも自由ですから、投信会社の技量によっては日経平均株価のベンチマークを大きく上回るファンドもあれば、反対に下回ってしまうファンドも出てきます。

こう書くとインデックスファンドよりもアクティブファンドのほうがより野心的で有利に思えるかもしれません。ところが株式投資の世界では、アクティブファンドはインデックスファンドに勝てないということが言われています。

その理由とされているのが信託報酬というもの。信託報酬とは投信会社にファンドを運用してもらうための管理手数料のことで、インデックス、アクティブの別なくファンドを購入した投資家が支払うものです。

さて、インデックスファンドは、ベンチマークとの連動を目標にしていると説明しました。指数と連動させることが目的なので、投資先を細かく調査したり、状況に応じて果敢に運用したりする必要がありません。ところが投信各社の自己裁量権が大きいアクティブファンドの場合はそうはいかない。その分だけ信託報酬が割高になってしまうのです。そしてこの点こそが、アクティブファンドはインデックスファンドに勝てないといわれる理由とされています。

ですがアクティブファンドはリターンを重視する投資であることを思い出してください。たとえ信託報酬が高くても、インデックスファンドを上回る運用ができていればそれで十分なわけです。

そのためにも**アクティブファンドは、長期で運用を考えることが有利**になります。

なぜならば、長期運用ならば相場が下がった局面で事前に徹底調査した企業に投資、相場が良くなればその株式を現金化し、次の下げ相場を狙うという繰り返しができるから。その繰り返しで大きなリターンが狙えるのです。これは数か月しか株式を保有しない普通の投信会社ではとてもできない芸当です。

そして、顧客の資金の質も重要。長期運用の足並みがそろわないと、下げ相場を狙っているタイミングで資金の引きあげにあってしまうなど、運用成績が出せなくなってしまう。したがって、長期で運用を考え、お客様にもそう伝えるべきなのです。

ちなみに、アクティブファンドである弊社『さわかみファンド』の設定は１９９９年８月下旬で１万円からスタート。その当時、インデックスファンドの代表格の日経平均株価は１万８０００円超でした。２０２３年４月25日現在、『さわかみファンド』の基準価額（投資信託の値段）は３万１４３８円に対し、日経平均株価は２万８６２０円となっています。

投資信託は手数料で選ぶな

投資信託という金融商品は、お預かりした大切な虎の子の資金を、**10年、20年、時には50年という長い時間をかけて運用し、雪玉を雪だるまにするように増やす**ものです。同じように長期にわたってお金を払い続ける買物が他にないかと考えると、住宅がそれにあたるように思えます。

家は生涯でもっとも大きな買物といわれます。そんな生涯最大級の買物に、安かろう悪かろうの家など選びたくない。しっかりと物件を吟味して、ある程度価格が高かろうとも、クオリティのいい住宅を選ぶのが普通でしょう。

ところがそんな賢い消費者も、いざ金融商品を目の前にすると日ごろの慎重な姿勢を忘れてしまって、手数料で選んでしまう傾向が見られるようです。

これは私に言わせれば住宅ローンの金利が安いからと、建物の質や立地の安全性も考えずに家を買うのと同じこと。おそらくこれは、投資信託について書かれた本に原因があると見ています。この種の本を見てみると決まったようにこう書かれています。

「投資信託では通常、購入時に販売手数料、保有中に信託報酬、解約時に信託財産留保額という手数料がかかります。なかでも保有中に毎月ずっとかかる信託報酬は要チェック項目。できるだけ安いものを選びましょう」

それでついつい信託報酬のパーセンテージに目がいってしまうのだと思いますが、手数料で選んでしまうと、10年、20年、50年後に後悔することになります。ファンドの良否は**手数料にあらず。手数料を差し引いても、それ以上の成績が出ているかどうかで選ぶべきもの**だからです。

たとえば、投資信託を選ぶ際の参考となっているのが比較サイトではないでしょうか。こうしたサイトでは手数料を差し引いての運用実績をパーセンテージで比較検討できるなど、とても便利で親切な設計がされています。ところが思わぬ落とし穴があるのです。リターンの期間を見てください。3～5年となっていませんか？

投資信託を3～5年の比較的短い期間で売買するなら、信託報酬のパーセンテージで決めるのは間違った方法ではありません。

ですが長い目で財産形成を考えるならば、手数料よりも運用実績（信託報酬を差し引かれたあとの基準価額）で見るべきで、さらにはファンドの継続年数で見るほうが正解なのです。ではどういうファンドを選べばいいのか？

答えはズバリ、たとえば２０２３年のいま時点で検討するなら、15年以上生き残っているファンドか否かです。

理由は、ファンドの真価は暴落時にこそわかるものだからです。

さかのぼること15年前の２００８年、ちょうどリーマンショックで株式の大暴落が起きました。株式投資も例外ではなく、多くの顧客から換金を求める声が殺到したのです。するとなにが起こったか――？

そう、１０９ページで説明した販売会社からの付け替えの誘いです。販売会社の売りやすいファンドが投信会社により新たに設定されて、「暴落とは不運でしたね。実はこのたび素晴らしいファンドができました。今こちらのファンドを買えば暴落の損害を挽回できます。いかがでしょう？」と個人投資家を引き止めたのです。

ですが薦められたファンドも、その実態は販売会社が売りたい商品にほかなりません。その裏側には「これを売れば会社が儲かる」という理由があるわけで、そんな誘いに乗っていては、財産形成などできるはずがないのです。

だから投資信託は、手数料よりも長期で生き残っているかで選ぶのが正解。この世界では、暴落を生き残った経験はなによりの財産であるからです。

新ＮＩＳＡについて知っておこう

２０２４年、新ＮＩＳＡが始まります。本書を手に取られたのもこれを見据えてのことという人も多いかもしれません。ですのでここでＮＩＳＡのおさらいをしておきましょう。

ＮＩＳＡとは、２０１４年にスタートした株式や投資信託の税金の優遇制度のことを言います。株式や投資信託を売却して儲けがでると、儲けた分の約20％を税金として納めなければなりません。しかし、ＮＩＳＡではこれが非課税になるのです。

具体的な金額を例にして見てみると、株式投資で１００万円儲かると、**通常は20万3150円の税金がかかって79万6850円になるものが、NISAなら丸々100万円が手もとに残る**ということを意味しています。

ＮＩＳＡが生まれた背景には、投資の儲けに対してそれまで約10％だった税率を見直し、元に戻そうという国の意向がありました。「国民の投資を促進するための軽減税率は、税収不足で続けられない。そろそろやめましょう」と。しかし、それでは投資家がいなくなってしまう。しからばと、少額での投資に対しては税金を免除しましょう、となったのです。

このＮＩＳＡには２０２３年時点では、次の3種類があります。

① 投資信託と株式に投資できる一般ＮＩＳＡ

② 投資信託の積み立てで運用するつみたてＮＩＳＡ

③ 投資信託と株式に投資できるジュニアＮＩＳＡ

それぞれ非課税枠について以下のような制限が設けられています。①の一般ＮＩＳＡが年間１２０万円を5年間の計６００万円まで、②のつみたてＮＩＳＡが年間40万円を20年間の計８００万円まで、③のジュニアＮＩＳＡが年間80万円を5年間の計４００万円までの投資で得られた利益に対して非課税とする制限です。これを**２０２４年に新ＮＩＳＡとして刷新、非課税期間を無期限化し、１８００万円までは非課税となることが決定している**のです。

新ＮＩＳＡによって非課税期間が無期限化されたのはとても大きなことです。それ以前では、まだまだ投資を続けたい若年世代でも、非課税期間が終了したら投資をやめる選択肢を求められてしまう。そしておそらく、そのタイミングは全国一斉となるため、皆の売りが安値を誘い、せっかく20年積み立てたのにリターンゼロ、税金ゼロというまったく無意味な制度になる可能性もあったのです。

新ＮＩＳＡは私の目から見ても資産形成に役立つ制度と思われますが、１８００万円という金額は、老後２０００万円問題を意識しているのが透けて見えます。非課税の決定に際しては、「貯蓄から投資へ」を勧めたい金融庁と、税金の減少を心配する主税局との間でおおいにもめたと聞いています。しかし、もめてまでも導入を決定した背景には、年金とともにもう一つ、国民に老後の暮らしを支えるサイフを持たせてファイナンシャル・インディペンデンス（経済的自立）を実現してもらいたいという政府の意向が働いているのは間違いありません。新ＮＩＳＡの導入で、政府が勧める「貯蓄から投資へ」の最終追い込みが始まるわけです。

以上が来年スタートの新ＮＩＳＡの概略ですが、非課税といえば、皆さんはこんなことをご存じでしょうか？

弊社に限らずどの投信会社でも、お預かりした資金はファンドマネージャーと呼ばれるプロが運用します。ファンドのなかで株式の売買を行い、利益が上がれば当然20・３１５％の税金が課されると思いきや、実は税金はかかりません。これこそが「税の繰り延べ」という仕組み。

ファンド内での利益に課税してしまうとお客様の売却時の課税と合わせて二重課税になってしまうからですが、ここに「税の繰り延べ」の隠れたメリットがあります。

つまり投信各社は課税で失われるはずの20・３１５％の分をさらに再投資し、複利で運用することができるのです。これは**投資に関しては個人よりもファンドのほうが20・３１５％分、効率よくまわせる**ことを意味しています。

新ＮＩＳＡの導入もあり、株式投資を考えられている人も多いことでしょうが、投資信託には、こうした隠れたアドバンテージもあるのです。

新NISAでも、さわかみファンドはさわかみ投信以外では購入できない

新NISA導入をきっかけに、弊社ファンドの購入を考えておられる方もいらっしゃるかもしれません。

新NISA活用の第一歩は、まずは金融機関に「NISA口座」を開設することから始まります。NISA口座を開設できる金融機関は銀行から証券会社、保険会社から弊社のような直販投信会社までさまざまですが、1人一口座しか持てない点にはご注意を。なぜならば、金融機関によって取り扱っている金融商品が異なり、その金融機関が持っていない商品を買うことはできないからです。

たとえば人気の楽天証券には、2023年5月現在190本、SBI証券には193本のつみたてNISA用金融商品があって、その内容も、日本の株式に投資す

るファンド、あるいは海外の株式や債券、それらをさまざまな割合で組み合わせたものまできら星のごとく揃っています。なぜこうしたことができるかといえば、投信会社が自分たちのつくったファンドを、楽天証券やＳＢＩ証券に金融商品として卸しているからです。

これはデパートを思い浮かべていただくとわかりやすいかもしれません。

デパートに服から靴、食品まで多種多様な商品が揃っているのは、さまざまなメーカーがデパートを販売窓口とすべく、自社の製品を卸しているから。同じように投信会社も、自社の金融商品を販売会社に卸しているのです。

ですので**新ＮＩＳＡをきっかけに投資を始める場合でも、まずは自分がどんな金融商品に投資したいのかを決めることがその第一歩になる**わけです。

ちなみに弊社唯一のファンドである『さわかみファンド』は直接販売が大原則。ですので弊社にＮＩＳＡ口座を開設する以外、『さわかみファンド』を購入することはできません。なぜこんな不利なことをあえてするのかと問われますが、「弊社は産直販売の農家のような会社ですから」と答えています。

農家で栽培された野菜のほとんどがスーパー等で売られているように、つくり手と売り手は異なる場合がほとんどです。ですが世の中には産地直送の農家というものがあって、そうした農家は作物に強いこだわりを持っています。丹精を込めて育てていればこそ作物への思い入れが強く、「この野菜はこんなふうに料理して食べるとおいしいですよ」と、そこまで消費者に伝えたがっています。

そんな産直農家と同じように、私たちは私たちの商品『さわかみファンド』に強いこだわりを持っているのです。丹精を込めて用意した自慢のファンドを投資家の皆様に直販することで投資への想いを共有し、皆様には社会や未来を良くする仲間になってほしいと願っています。ちなみにそれこそが、私たちがお客様を『ファンド仲間』とお呼びする理由でもあります。

さらにはつくり手と売り手を分離すると、つまりは弊社の商品である『さわかみファンド』を販売会社に卸してしまうと運用成績にも直結してしまうという不安も正直あります。

投資を社会や未来への参加と考えることができなければ、暴落が来れば資金は逃げます。買い時なのに手持ちがなくて株が買えない、つまりは運用成績が悪化するということが起こりかねません。株のバーゲンセールという買い時に株が購入できなければ、ファンド仲間に利益を還元することができなくなってしまいます。

大手証券会社に『さわかみファンド』を取り扱ってもらえれば多くの人に買ってもらえますから、弊社が受け取る信託報酬は上がるでしょう。ですがそれでは、私たちは暴落という、未来に向けての絶好の機会を見逃すことになってしまう。

これこそが、『さわかみファンド』が弊社でしか購入いただけない理由なのです。

暴落の時こそチャンス

投資信託で成功するコツはなにかと問われたら、「口座を開いて月収の5％を投資する手続きをしたら、日々の価格変動は忘れてしまうこと」と答えます。長期保有の場合は特に、投信のコツはこれに尽きますし、新ＮＩＳＡで投資を始める場合も変わりません。

では、その間、あなたはいったいなにをしていればいいのか？

仕事や家族、好きなことや趣味に集中するのです。「お金よ、お前、頑張ってこい！」と背中をたたいて送りだしたらそれで終わり。いちいち気にしていてはいけません。お金を働かせるとは、そういうことなのです。

実はこの**「投資を忘れて仕事に励む」というのは、リターンを得るためにはきわめて大切**です。なぜなら投資とは、長く続けてリターンを得るもの。その間には、一度や二度の暴落がつきものです。その際、積み立て投資が継続できるかどうかを分けるのが、収入が安定するかどうかだからです。

つまりは暴落時、投資継続を断念してしまう理由には収入の減少があって、株価が下がったことが不安で投資を止めてしまうという理由だけではないのです。

だからしっかりリターンを得るためにも、あなたは仕事に集中してください。本業での収入減を防止するのに、これに勝る方法はないからです。

ただしこれまでさんざん見てきたとおり、投信会社の立場で見れば、暴落は千載一遇の機会です。相場とは、上がれば下がるし、下がれば上がるもの。その繰り返しのなか、基本的には右肩上がりできています。

94ページでも触れたように、暴落はほしくてほしくてたまらなかった株を買うビッグチャンスでした。投資のベテランであれば暴落の一度や二度はとっくに経験していますし、経験から恐るるに足らずと知っています。弊社などは、「下がった今こそ買ってください」とお伝えするほどで、逆に上昇局面では「今、大金をはたいて投資をするなんてリスクが高い。後悔しないためにも、購入は一度にまとめず、時間をかけてください」とお伝えしています。

事実、『さわかみファンド』では、株価上昇局面に世間の動きとは反対に、ファンドから資金を引き出すお客様が少しずつ増えていきます。利益を確定するためです。ですから皆さんもまた、暴落で慌てないことが大切です。

株式を安く買える暴落は、少ない投資でリターンを増やすチャンス。それがわかっているお客様は、ニコニコしながらスポット買い（投資信託を自分の好きなタイミングと金額で一括購入すること）をしてきます。

さらに暴落時は、投資信託が持てる力を発揮する時期と言えます。

暴落した株を積極的に買い進めるのは、個人の力ではちょっと難しい。大富豪でもないかぎり、投資にまわせる予算には限界があるからです。

ですが多くの人から数千億円をお預かりしてそれを運用する投信会社、特に長期保有を旨とする投信会社では違います。投機的な動きをする社とは異なり、**待つことを表明している投信会社では、お客様もまた、10年、20年の長期保有に慣れています**。両者とも焦らずじっくりと待つことができるので、暴落時の資金流出を抑えることができるのです。

つまりは暴落時こそ、投信会社の資金力と姿勢がモノを言う。言い換えると、暴落時こそ、長期運用の投信会社にお金を託すチャンスなのです。

次の暴落が、日本に投資が根付くかの分水嶺になる

野村総合研究所が3年おきに15歳~79歳の男女を対象に行っている「生活者1万人アンケート（2021年度）」によると、日本でなにかしらの金融商品に投資している人の数は1470万人。この年代の人口の21・1%、5人に1人が、なにかしらの投資を行っている計算になります。2024年から新NISAがスタートすれば、この流れはさらに拍車がかかることでしょう。遅ればせながら日本にも、本

格的な「貯蓄から投資へ」の流れが到来するのです。

そのようなか、今、金融業界でささやかれているのが株価暴落の危険性です。

２０２０年４月、新型コロナウイルスの急速な拡大を危険視した日本政府は、同月７日には全国の７都府県に緊急事態宣言を発出。16日にはそれを全国に拡大しました。

街が一気にゴーストタウン化し、経済の停滞を恐れた政府が、特別定額給付金やら事業再構築補助金やらでお金をバラまきにバラまいたのは、皆さん、記憶に新しいところだと思います。

バラマキを受けた個人はどうしたか――？

ステイホームで時間を持て余すなか、そのお金を株式投資に向けたのです。

つまりは、**政府がバラまいたお金が株式市場に向かったことで、株価は本来あるべき価格よりずっと高い状態にある**と考えられます。

上がったら次にくるものは……そう、下降トレンドです。

私はまもなく、株式の大暴落がやってくると予想しています。実はコロナ禍が起こる前から世界の株価は下がるはずと思っていました。ところがコロナがそれを延命させてしまいました。すでにゾンビ状態の企業に政府からのお金というカンフル剤が打たれたために、ゾンビが一時的に元気になってしまったのです。

そんなゾンビを延命させていたカンフル剤もまもなく尽きようとしています。

日本では、すでにゼロゼロ融資が終了し、事業者は融資の返済を迫られ始めています。融資の返済ができず、事業の廃業届を出している人がたくさんいるのです。これで火がついて金利が上がり債券価格が暴落したら、本当に株式市場も含めて大暴落になることでしょう。旅行支援を始め、政府はまだまだお金をバラまいていますが、そんな余裕は日本にはもうありません。日本は今、株式暴落を目前にしている状態にあるのです。

ではそんな大暴落はいつ来るのか？

私は２０２３年中に来ても不思議ではないと考えています。

私が本書をしたためたのは、その心配ゆえでした。もしも暴落状態に陥ってしまったら、せっかくやってきた「貯蓄から投資へ」の流れが崩壊し、「投資はギャンブル」という考えがまた幅を利かせるようになってしまいます。

健全な投資なくして老後の不安が解消されることはなく、人生を楽しむためにも投資は欠かせないものだというのに。私にはそれが残念でたまりません。

相場は上がれば下がるもの。経験あるプロにとっては歓迎こそすれ恐れるものではないことは、本書で繰り返し述べてきたとおりです。だから読者の皆さんには、**暴落は恐れるものではない、むしろ歓迎すべきものだと肝に銘じていただきたい**のです。

願わくは本書が、暴落時の間違った恐怖を少しでもやわらげられることを、そして日本人の健全な投資観を築く一助になることを、心の底から祈っています。

○澤上社長が答えます！　さわかみホント!?

Q

澤上社長が見た、「カッコいい生き方」をしている実例を教えてください。

A

つい先日、70歳を超える高齢のファンド仲間からメールを頂戴しました。

旅行が大好きで、青春18きっぷで全国をまわっている方です。

「10年後は僕も生きていないなあ」なんて書いていらしたので、「いやいや、10年後も缶ビール片手にあちこちまわっておられると思いますよ」と書き送ったら、大笑いした絵文字入りのメールが届きました。

こんなふうに弊社の高齢ファンド仲間には自由気ままに、悠々自適に暮らしていらっしゃる方が多いのです。

新幹線にもグリーン車にも乗れない青春18きっぷでの旅ですから、豪華な旅というわけではありません。でも自分の資産と時間がわかったうえで無理なく人生を楽しんでいる。これこそファイナンシャル・インディペンデンス（経済的自立）であり、私たちがお手伝いしたい生き方の見本のような人だと思います。

つまりは堂々と自立していて、誰の真似でもなく、自分で自分の人生を組み立てる生き方です。

こうした高齢ファンド仲間のような生き方こそが、私が考える「カッコいい生き方」の一例ですね。

第4章

さわかみ投信という選択

日本でもっとも歴史ある独立系直販投信

投資は老後の不安解消のみならず、人生をカッコよく生きるためにも有効な手段です。

投資信託にはいろいろあって、どのファンドを選ぶかは、投資家の狙いや好み次第ですが、弊社の『さわかみファンド』は検討に値するファンドであると自負しています。

弊社は1996年、「これからの日本には一般生活者の資産運用こそが重要である」とした創業者の決意によって創立。以来、一貫して一般生活者を対象に『さわかみファンド』だけを唯一のファンドとして、20年以上の長きにわたり世界経済の荒波を航海し続けています。

2023年4月末現在では11万人強のファンド仲間から、およそ3500億円の資産をお預かりしています。

弊社の特徴の一つでもある「独立系直販」とは、大手証券会社や銀行などのグループに属さないこと、さらにはこうした大企業の販売会社を通すことなくファンドをお届けできること、すなわち直販できることを意味しています。

これをかみ砕いて言えば、親会社たる証券会社や銀行等からの思惑や利益におもねることなく**自らの判断だけで投資すべき企業が選べ、投資先企業にも、投資を通じて私たちの想いや願いを託すことができる**ということです。さらには親会社に渡るべきコストを抑えることができるため、ファンド仲間へのノーロード（購入時手数料不要）を実現することができました。

こんな私たち『さわかみファンド』は、私たちが投資先企業に託した想いをファンド仲間にも納得していただき、そのうえでファンドに参加していただくことを理想としています。

投信会社とお客様というよりも、同じ志あってファンドという船に同乗した者同士として、嵐の時には力を合わせ、弊社とお客様、そして企業の三方がお互いウィン－ウィンの関係を持てることが私たちの願いであり目的。

私たちがお客様を、『ファンド仲間』とお呼びするのも、こうした理由があるからです。

こんな姿勢が他社にも刺激を与えたのか、弊社の存在は、その後、独立系直販を謳う投信会社誕生のきっかけとなりました。現在日本には、8社ほど「独立系」を名乗る投信会社がありますが、弊社ならではの強みと言えば、二十有余年の歴史が育んだ経験でしょう。

1999年のファンド設定直後にはITバブル崩壊が、2008年にはリーマンショックが日本経済を襲いました。投資家の多くは動揺し、それにともない、決して少なくない投信会社で、お客様の換金による資金の流出が発生しました。

そうしたなかにあっても、弊社は多くのファンド仲間とともに二度の荒波を乗り越え、安定株主として想いを託した企業の成長を支えることができました。結果、ファンドは安定成長を続け、**基準価額を3倍以上に成長させ、日経平均株価の倍以上のパフォーマンスを実現**しています。

このパフォーマンスはもちろんですが、二度にわたる危機をファンド仲間と投資先企業とともに、くぐり抜けることができたのが、もっとも大きな喜び。

私、澤上龍を始め、弊社社員一同がもっとも誇りとしている実績です。

長期運用で社会を支える「カッコいい投資家」になれる

弊社さわかみ投信のもう一つの特徴と言えば、なんと言っても長期投資です。

先ほど、「弊社は独立系。それゆえ投資企業に想いが託せる」と紹介しました。

弊社は2023年4月末現在で、125社の企業に投資をしていますが、投資先企業の選択には強いこだわりを持っています。

企業の社会的意義や成長性、利益創出性は当然のこととして、理念や、社会・環境への貢献までも考慮して投資先を選択しており、つまりは企業が掲げた理想の実現を担わんとして投資先企業を決定しているのです。

具体的には、素晴らしい技術を持っていたり、腰を据えて質の高い研究開発を行ったりしていることなどが注目点ですが、経営陣の自社に対する熱い想いやビジョンもじっくりと吟味しています。

これは、株式投資とは企業の未来に想いを託せる唯一無二の行為であり、想いを託すことで、私たち投資家がより良い日本と明るい未来をつくるのだという強い信念があるからです。

私たちは投資先企業を、目先の株価で選ぶことはしません。

信念なき投資はマネーゲームにほかならないからで、世の中がより良く、未来がより明るくなれば、理念ある企業もまた自然と一緒に成長するもの。

そうした企業を創造することこそが、本当の「投資」であり、われわれが目指す「カッコいい投資家」であると思うからです。

弊社はこうした理念のもと、10年、20年と株式を長期保有することで企業の成長を支え、マネーゲームの標的とされることから守り、ともに成長することを目指す「バイ・アンド・ホールド」型の投資スタイルを取っています。

長い保有期間には、業績の一時的な悪化や株式市場全体の暴落等々で投資先企業の株価が低迷することもあり得ます。弊社はそんな時こそ資金を投じ、企業の存続を支えたいと思っていますが、それを支えているのが投資先企業との長く深いつながりです。しばしば行っている企業ミーティング（ＩＲ／投資家向けミーティング）などがその一例です。

これは弊社アナリストが、投資先企業の工場や営業所に直接足を運んで**事業の現状を確認するとともに、従業員たちの声にも直接耳を傾ける**というものです。

この企業ミーティングでの会話内容も弊社が誇る自慢の一つ。

企業ミーティングで投資先企業を訪問すると、企業からは「さわかみ投信は違う。5年、10年と支えてくれる」と、弊社を信頼してくれているのがひしひしと伝わってきます。

たとえば以前に訪問した際は中堅社員だった方が、その次の訪問では役員や社長になっていたなんておもしろい場面に出会うこともしばしば。社長へと上り詰める過程を共有しているため、能力だけではなく、人柄までも十分にわかりあえる状態になっています。

これこそ、二十有余年の歴史を有し、バイ・アンド・ホールドを旨とする弊社ならではのメリット。短期投資、またはインデックスファンドには真似のできないアドバンテージです。

運用報告会と企業訪問ツアー

多くのファンドが株式を保有する期間は、半年ぐらいが多いように思います。株価が上がったら売却し、「はい、さようなら」が常識の世界ですから、わざわざ株価下落時にも持ち続けようとするファンドはそう多くありません。

ですが、そもそも私には**企業とは人であるという信念があります。**

そこで働く人の声ほど、企業の実態を表すものはありません。弊社ではファンド仲間にも企業そのものである投資先企業の従業員の方々と触れ合い、理解を深めていただきたいと願っています。

そのために行っているのが、『さわかみファンド運用報告会』。ファンド仲間・投資先企業・弊社が年一回、一堂に会して行われるイベントと、そして『企業訪問ツアー』です。

さわかみファンド運用報告会（2017年）

前者の『さわかみファンド運用報告会』は、大きな会場に3m四方のブースを用意して、毎回30社ほどの企業に参加していただいている、弊社ならではの参加費無料のイベントです。

スペースの関係で投資先企業すべてに来訪いただくことは不可能ですが、ここではファンド仲間からお預かりした運用資金がどのような商品やサービスになって世の中の役に立っているか、あるいは世の中をどう変えていきたいかを投資先企業の方々から直接説明していただきます。参加者の皆様は、**商品やサービスを**

直接手にしたり、体験したりすることができるのです。

２０２２年にはオンラインで26社に参加いただいたほか、長野県上伊那郡に本社を置く電子部品メーカーＫＯＡからオンラインでのライブ配信を実施。対面開催では足を運ぶことが難しかった全国各地のファンド仲間の皆様と、熱のこもった交流を実現しました。

後者の『企業訪問ツアー』は、先にご紹介した企業ミーティング（ＩＲ）を弊社セミナーの一つとしてファンド仲間に開放したものです。コロナ禍で中断していましたが、２０２３年6月、3年ぶりに再開しました。

待望のツアー再開第一弾は、サワイグループホールディングス。ジェネリック医薬品のリーディングカンパニーである同社の中核子会社の三田西工場（兵庫県）を40名ほどのファンド仲間とともに訪問しました。

人数制限があるため抽選制ではありますが、同ツアーはどなたでもご参加いただけます。興味をお持ちの方は、次の機会にでもぜひご参加ください。

電話によるセールスはなし

ファンド仲間や投資をお考えの方へのサポート体制の一つとして『ご縁の窓口』という電話窓口を設けています。ですが、いわゆる営業部隊というものは持っていません。さらには、商品の売込み広告もありません。

これも弊社のユニークな特徴の一つでしょう。

１７４ページでも触れたように、弊社はたった一つの商品である『さわかみファンド』のあり方に強いこだわりを持っています。

目先の株価ではなく、理念や社会・環境への貢献までも考慮して投資先を選択。長期保有することで企業を支え、より良い日本と明るい未来をつくっていきたいという「理想の投資」へのこだわりがあるからです。

ファンド仲間とは、弊社のこうした理念に賛同していただいた方々であり、**ファ**

ンドという船に同乗し、ともに航海してくださっている仲間であると考えています。

こうした理念の前には、無理なセールスは弊社にもお客様にも、百害あって一利なし。むしろそうしたセールスに人的・時間的リソースを割くよりも、ファンドの価値を上げることに専念したいというのが本音です。

アパレルや小売り店にセール期間というものがあるように、実は金融商品にもセール期間というものがあります。秋冬ファッションが出回る前には、セールを設けて春夏物を売り切ってしまいたいのと同じで、金融機関も「このタイミングで大きく手数料を稼ごう。よし、売ってこい」と営業部隊の尻をたたくのです。

手数料を稼ぐための販売会社ではつきものの光景ですが、弊社の販売姿勢は、こうしたものとは一線を画するものです。

では弊社『ご縁の窓口』がどのようなことでお客様と接しているかと言えば、ファンド仲間からのご相談です。

それも、税金上の手続きに戸惑って、「どうすればいいですか？」というご相談ではなく、どちらかというと、**人生の目標に対して、どうやってファンドと付き合っていくか**、といったご相談が多いのです。

追加の投資をお考えの方からも相談を頂戴しますが、「拍子抜けした」という声をいただくこともよくあります。

株価が急騰し、「ぜひ買いたい！」と相談を寄せたところ、「一気に買うのは不安でしょうから、『つみたて投資』からご検討くださいとアドバイスされた。マシンガンのようなセールストークが来ると思っていたのに拍子抜けした」とおっしゃるのです。

むしろお客様から注意されることもしばしばです。これは投信購入の手続きの際、「こうした企業に投資しています」「これからはこんな分野が有望だと思っています」という説明はほとんどしないからです。

弊社ＨＰを見ればすべての投資先企業の名前と保有株数がズラリと出てきますし、私たちはお客様に結果をお届けするために信託されているのですから、細かい投資の説明よりも、理念とか生き方とかをお話ししているのです。

こうした姿勢に「怪しい」とおっしゃるお客様もいらっしゃいます。

「さわかみ教という宗教みたいだ」とか、「本当は別の腹積もりがあるのでしょう？」と言われたこともあります。

世の中には、「セールスマンとのやりとりが楽しい」「投資とはセールスがつきもので、そこから本当の情報を見極めるのが醍醐味」という方がいるのも事実。

こうした方に『さわかみファンド』をお薦めするつもりは毛頭ありません。

むしろ他社でファンドを買われたほうが、ずっと満足されるのではないでしょうか。

日本を支える「理想の投資」ができる

『さわかみファンド』の投資先は計１２５社と、日本企業への投資が大半を占めています。

これはなぜかと問われれば、「日本企業が魅力的だから」というよりも、「日本には投資を通じてもっともっと魅力ある市場になれる可能性がある」からであり、「われわれが住むこの日本を誰が支えるのか？」という気概ゆえです。

健全な投資は投資先企業を支え、企業を支えることで未来をつくり、社会を明るくするものです。投資とはこうした前向きなものであるというのに日本の株式市場が大きな伸びを実現できていないのは、投資家自身が、日本企業や市場の成長を信じていないからでしょう。

長い時間、日本全体を覆い尽くしているデフレの波に自信を失い、かつて有していたイノベーティブなものを生みだそうというガッツが薄れ、さらにはかつての成功体験にこだわるあまり、企業自身に新陳代謝が足りなくなってしまったのも理由だと思います。

ですがその一方で、**日本には莫大な資金があり、気づいていないだけで驚嘆すべき基礎能力を持つ企業がたくさんある**のです。

さらには国民の能力も高い。国民のほぼすべてが読み書きができ、治安がよく、そのうえ他者に対して配慮できる国は、実はそう多くありません。風土も文化も、洗練されたもので満ちています。

われわれ日本人は、残念なことにこうしたポテンシャルを生かしきれていません。持てるポテンシャルを生かすどころか、経済界もマスコミも、不安を煽って「日本はダメだ」と言うばかり。これではますます自信を失ってしまいます。傍観者として他人事のようにわが国を眺めているだけの、こうしたシニカルな姿勢は、日本の未来にはなんの益ももたらしません。

私は日本の高いポテンシャルを信じています。そしてそのポテンシャルを、日本企業に投資し、それを長期保有する安定株主となることで支えたいと願っています。

昨今、投資家には「投資は自らを肥やす手段」としてのみとらえる傾向がありますが、**利益すなわちリターンとは、企業の成長に貢献し、その結果として手にするものである**というのが私たちのポリシーです。

企業の成長を信じ、短期ではなく長期的に考えて投資できる人が日本に増えれば、日本企業や日本の株式市場も魅力あるものに変化するはず。

これこそが、私たちが日本企業に投資する理由。「理想の投資」を目指しています。

『さわかみファンド』への投資は、日本人が日本企業をサポートすることであり、日本企業をサポートすることで企業の成長を支え、成長を支えることで日本を明るく豊かな国にしていくことにつながります。

あなたが弊社ファンドへ乗船されるのを、お待ちしています。

あとがき

「社長、普段話していることを本にしたらおもしろいと思いますよ」。社員との、こんなやり取りから本書の企画が始まりました。

正直、私にはなにがおもしろいのかさっぱりわかりません。いつも偉そうに、時に突き放すような語り口調は、投資を知的ゲームとして考える人たちへの反逆です。もちろん、そういったストレートな物言いが皆さんの財産形成のお役に立つと信じて自らをプロデュースしているのであり、セミナーでも丁寧に説明するのではなく、時に激しく諭すように振舞っています。そんな痛烈な物言いのなにがおもしろいのだろう？

ともあれ本を出版するなら、以前お世話になった幻冬舎にまずは声をかけてみよう……行動を起こしました。

前著『儲けない勇気 さわかみ投信の軌跡』は、自らの意思で書きたいと思い、魂を込めて執筆に勤しみました。自分で言うのも憚《はばか》られますが、私は文章を書くのが苦手ではなく、かつ、とても速いと自画自賛しております。よって本一冊などあっという間だと軽く考えていました。

しかし現実はそんなに甘くない。『儲けない勇気』では想像をはるかに超える執筆時間を要し、それこそ出張先の海外のホテルに缶詰になって、なにしに海外まで出張に来たのか、その目的を忘れるくらい集中しました。

『儲けない勇気』が小説だということも大きな理由です。登場人物の描写・発言が、時間経過のなかで矛盾が起こらないよう何度も書き直しました。下手に実話だということが私を苦しめたのです。

あの時の苦難もあり、本を書くにせよ一言一句を自らしたためるのは不可能と諦めていました。そんな折、堀江貴文さんの本のあとがきに「ライターさんに書いてもらえば、私は10時間を差し出すだけで本ができる」といったフレーズを見つけ、なるほどとばかりに光明を見出しました。それならとばかり、新著への意思を固めた次第です。

実際、ホリエモンの言う通りでした。ライターさんとの対面は一度だけ、それ以降はすべてオンラインで取材が進み、聞かれたことにただ答えているだけで本が完成してしまったのです。実に10時間程度、話した内容そのままが本書に刻まれています。

普段のセミナーでも本書のようなことを話しています。もちろん、もう少しだけ金融や経済事情を挟みますが、概ね言いたいことそのものです。

読者の皆さんにおかれましては、本書の軸である「投資は手段であり、目指すは豊かな人生。そのための方法は目的意識を持つこと、そして行動あるのみ」が、腹落ちしていただけたなら幸いです。投資は難しいものではありません。理想の投資は、必ずあなたにもできます。人生こそが難しく、そしてなにより大切なのです。

人生はあなた自身が主役です。他人がつくる経済情勢に振り回されず、自らの意思で世の中づくりに参加するのだといった気概で社会活動や投資に臨んでください。きっとそれだけで未来は明るく見えてくるはずです。


本書出版にあたり、幻冬舎の福島広司さん、木田明理さん、真鍋文さんには大変お世話になりました。また螢光堂の横山淳さん、編集企画シーエーティーの中村実さん、ライターの千羽ひとみさんもありがとうございました。私の横柄な態度（セルフプロデュースですからね！）にも辛抱強くお付き合いいただけたからこそ、気持ちよく出版にこぎ着けました。

最後に、この本を私に書かせるに至った弟分の熊谷幹樹（詳しくは『儲けない勇気』をご参照ください）、そして戦略室のメンバーには感謝だな。ありがとう。

〈著者プロフィール〉

澤上 龍（さわかみ・りょう）

1975年千葉県生まれ。

2000年5月にさわかみ投信株式会社に入社後、ファンドマネージャー、取締役などを経て2012年に離職。その間、2010年に株式会社ソーシャルキャピタル・プロダクションの創業、2012年に関連会社の経営再建を実行し、2013年にさわかみ投信株式会社に復帰、同年1月に代表取締役社長に就任。

現在は、「長期投資とは未来づくりに参加すること」を信念に、その概念を世の中に根付かせるべく全国を奔走中。コラム執筆や講演活動の傍ら起業や経営の支援も行う。

著書に『儲けない勇気 さわかみ投信の軌跡』（幻冬舎）がある。

理想の投資と結婚する方法

2023年8月24日　第1刷発行

著　者　澤上 龍
発行人　見城 徹
編集人　福島広司
編集者　真鍋 文　木田明理

GENTOSHA

発行所　株式会社 幻冬舎
〒151-0051　東京都渋谷区千駄ヶ谷4-9-7

電話　03（5411）6211（編集）
03（5411）6222（営業）
公式HP：https://www.gentosha.co.jp/
印刷・製本所　株式会社 光邦

検印廃止

ISBN978-4-344-04154-7　C0033

この本に関するご意見・ご感想は、
下記アンケートフォームからお寄せください。
https://www.gentosha.co.jp/e/